Mein Sturz in den Abgrund

... und wie ich auf wundersame
Weise zur Leichtigkeit fand

AF186792

BoD™
BOOKS on DEMAND

Wir beide, du und ich, sind möglicherweise Schicksalsgenossen. Das fände ich äusserst bedauerlich, weil ich niemandem das wünsche, was ich durchmachte. Andererseits ist es gut so, dass du gerade mein Buch in den Händen hältst, denn ich habe es auch für dich geschrieben. Aber natürlich auch für mich selbst, denn mir vorzustellen, dass meine Geschichte einen vielleicht ähnlich Betroffenen wie mich erreicht, motivierte und inspirierte mich entscheidend beim Schreiben. Zum Beispiel wenn ich mir ausmalte, wie du dich wie ich damals niedergeschlagen, verzweifelt, hoffnungslos, als Verlierer, gar als Versager siehst. Wie gut ich dich verstehe!

Die mit solchen Gefühlen verbundenen Ängste und die aus ihnen resultierenden abgründigen und peinigenden Nöte kenne ich. Doch mittels der Erfahrungen, zu denen mich die erlebten Erschütterungen führten, kann und will ich dir wärmsten Herzens versichern:

**Es gibt IMMER einen Ausweg!**

Um diese goldene Erkenntnis mit dir zu teilen, habe ich niedergeschrieben, wie ich voller Elan in mein Leben stürmte und fürchterlich auf die Nase fiel; und dennoch oder gerade deshalb zu einem geheimnisvoll gelenkten Leben fand, das ich in beglückender Leichtigkeit Tag für Tag dankbar genieße, und was das mit Spiritualität zu tun hat.

# WOLFGANG WÜST

# MEIN STURZ IN DEN ABGRUND

### ... UND WIE ICH AUF WUNDERSAME WEISE ZUR LEICHTIGKEIT FAND

Eine außergewöhnliche
Lebensgeschichte

*Bibliografische Information der Deutschen National-
bibliothek:*
*Die Deutsche Nationalbibliothek verzeichnet diese
Publikation in der Deutschen Nationalbibliografie;
detaillierte bibliografische Daten sind im Internet
über http://dnb.dnb.de abrufbar.*

*Illustration: Wolfgang Wüst*
*© 2019 Wolfgang Wüst*
*Cover-Hintergrund vorn: photopiano / clipdealer*
*Cover hinten: Foto des Autors:Privatfoto*

*Herstellung und Verlag: BoD – Books on Demand,
Norderstedt*

*ISBN:                          978-3-7494-6846-1*

# Inhalt

*Warum dieses Buch*

# TEIL 3   Lehren aus meinen Erfahrungen

*„Also Kinder, macht euch keine Sorgen!*
*Auch wenn Fehler begangen werden -*
*Haltet euch nicht bei ihnen auf!*
*Lasst ihr euch durch sie beunruhigen,*
*Verliert ihr die Kraft, sie zu korrigieren.*
*Vergesst nicht: die Nahrung ist da, damit wir sie*
*essen, und nicht dazu, dass sie uns isst.*
*Die Welt ist dazu da, dass wir uns an ihr erfreu-*
*en. Lasst es nicht zu, dass sie euch hin und her*
*zerrt mit ihren Attraktionen und ihren Gräueln!*
*Körper, Gemüt und Intellekt sind Werkzeuge*
*eures Willens. Ihr müsst lernen, sie zu beherr-*
*schen! Duldet keinesfalls, dass sie euch beherr-*
*schen!"* [1]

---

[1] Amritanandamayi, Gespräche mit Amma, S. 119

## Warum dieses Buch

In Leichtigkeit zu leben scheint für die meisten von uns ein unerreichbarer Wunschtraum zu sein. Wundersames stufen wir schon gar nicht als selbstverständlich ein. Abstürze in Abgründe werden meistens nicht laut hinausposaunt, kommen aber erschreckend häufig vor. Was auch nicht gerade auf Plakatwänden verkündet wird, ist, dass Wundersames auch häufig stattfindet, dann aber bedauerlicherweise fast nie als wundersam wahrgenommen wird. Beides prägte mein Leben, ein Absturz und eine ganz und gar wundersame Entwicklung, die dem Absturz folgte. Nein, ein Lebensverlauf, wie ich ihn erlebte, ist nicht ganz einfach nachvollziehbar, aber er hat sich so zugetragen, wie ich ihn hier wiedergebe. Und die Strecke, die ich als meinen Absturz bezeichne, war grausam und zerstörerisch und quälend genug und die darauffolgende wundersam genug, um davon auszugehen, dass meine Geschichte auch für dich aufschlussreich sein könnte.

An dieser Kreuzung treffen wir uns. Du, der gerade mein Buch liest und ich, der glaubt, dir etwas mitteilen zu können. Solltest du dich also niedergeschlagen, verzweifelt, hoffnungslos, als Verlierer, gar als Versager fühlen, dann lies weiter.

Denn: Wie gut ich dich verstehe! Ich kenne sie nur zu gut, diese mit solchen Gefühlen verbundenen Ängste und die aus ihnen resultierenden abgründigen und peinigenden Nöte.

Doch gleich vorweg habe ich dir etwas ganz und gar Positives mitzuteilen:

### Es gibt immer einen Ausweg!

Meine Erfahrungen sind die Basis für diese felsenfeste Überzeugung.

Irgendwann hatte ich so viel Dampf im Kessel, dass ich mich gezwungen sah, Fragen zu stellen. Andere Fragen als vorher und an eine andere Adresse gerichtet als vorher, denn die Fragen und Antworten blieben über die ganze desaströse Zeit hindurch ziemlich erfolglos. Mein Leben war festgefahren. Damit der im Dreck steckende Karren wieder in Bewegung gebracht werden konnte, musste ich meine Fragen an eine andere Instanz richten, an eine Autorität, die außer jedem Zweifel steht. Ich kannte nur eine: Amma. Also fragte ich sie, ob ich ein Buch schreiben solle über `mein Leben und meine Spiritualität`. Ja, antwortete sie, ich solle es versuchen. Ich werde darauf zurückkommen, wer Amma ist.

Allein schon die Absicht zu fragen verschaffte mir ein Gefühl im Magen, als befände ich mich gerade mit einem Tretboot auf stürmischer See. Richtig schwindelig wurde mir aber durch Ammas Antwort. Der Mut verließ mich bald wieder, als ich mich von einem Moment zum anderen vor der Herausforderung stehen sah, tatsächlich ein Buch zu schreiben.

Es vergingen Jahre, bis ich wenigstens eine neblige Ahnung davon bekam, wie ich den Plan konkret

umsetzen könnte. Das lag nicht allein an der Tatsache, dass ich noch nie ein Buch geschrieben hatte. Offensichtlich sandte mein Unterbewusstsein seine Warnungen voraus vor dem, was auf mich warten sollte. Tief vergrabene Erinnerungen, die teilweise grässlicher nicht hätten sein können, mussten wieder ans Licht befördert werden. Die konnten nur bedrückend und peinigend werden, einer Rückschau auf eine Zeit entsprechend, die für mich der Hölle gleichkam. Einem Sturz in den Abgrund eben.

Stirnrunzeln ist oft angebracht, wenn jemand seine Lebensgeschichte aufzuschreiben und zu veröffentlichen gedenkt. Was mich selbst betrifft, ging es mir genauso. Wie bedeutend sollen ausgerechnet meine Erlebnisse sein im Vergleich mit unzähligen Schicksalen anderer, die weit tragischer und dramatischer und in einer Wucht auftreten, dass es einem den Atem verschlagen kann? Ein Vergleich verbietet sich von selbst!

Allerdings erlebte ich die Zeitspanne, die zu meinem Absturz führte samt ihren Folgen in einer Dramatik, die auch mir zeitweise den Atem raubte, übrigens im Negativen wie im Positiven. Quälende Selbstvorwürfe, zerstörerische Verzweiflung, jede Hoffnung erstickende Angst, überhaupt Ängste in den verschiedensten Ausprägungen, nahezu unerträglich die vor lebenslangem Versagertum, prägten die eine Seite. Die andere das Aufflackern endgültig verloren geglaubter Zuversicht, das Entkommen aus den zerstörerischen Teufelskreisen, und vor allem zu einer völlig neuen Lebensqualität gefunden zu haben, die die meines Daseins vor der dramatischen Entwicklung deutlich überstieg.

Dieser kurze Überblick umreißt den innersten Kern dessen, was ich dir mitteilen will und das wird naturgemäß sehr persönlich ausfallen und es ist die Wahrheit, meine Wahrheit. Obwohl es um meine ganz individuelle Geschichte geht, halte ich die entstandenen Konsequenzen für allgemeingültig. Wie könnte ich sie da für mich behalten! Ich überlasse es dir, ob du sie für bemerkenswert genug hältst, um einen Nutzen aus meinen Erkenntnissen zu ziehen.

Immerhin könntest du dich beim Lesen dadurch berührt fühlen, dass du dich in dem einen oder anderen Fall als ein Verwandter im Geiste erkennst, und dich durch meine Schilderungen zu aufkeimender Hoffnung, zu einem Gedankenfunken ermuntert wiederfindest wie:

*Mensch dem ging es auch dreckig und der fand da wieder heraus, warum sollte es dann nicht auch mir gelingen.*

Meine Lebensgeschichte, so dramatisch sie auch verlief, hat in mir unendlich viel Dankbarkeit ausgelöst. Ein weiteres Motiv, das meinen Mut zum Schreiben letztendlich antrieb. Meiner Dankbarkeit Ausdruck zu verleihen, im allerweitesten Sinne etwas zurückzugeben, nachdem ich so reich beschenkt wurde, würde mir das gelingen, würde ich großes Glück empfinden. Zum Beispiel dadurch, dass auch nur ein einziger Mitmensch Stärkung und Hoffnung durch meine Geschichte finden könnte. Das wäre so etwas wie eine Erfüllung für mich, so als ob sich ein Kreis schließen würde und nun endgültig alles gut wäre. Vielleicht bist du dieser Mitmensch. Wie mich das freuen würde!

Drei Hauptthemen bilden den roten Faden, der mich beim Schreiben leitete:

Erstens, wie ich die Zeit, die ich als meinen Aufstieg bezeichne, erlebte, und wie es zum Absturz kam und wie der mich fast zerstörte, zweitens, wie ich dem Chaos entkam, und wie ich meine als wunderhaft empfundene „Auferstehung" erlebte und

drittens, welche Konsequenzen und Einsichten ich daraus gewann.

Die Betonung liegt in dem *Wie* des Abstürzens, denn es ging für mich unvorstellbar tief hinab – und natürlich in dem *Wie* des befreienden Entkommens aus dieser dunklen Hoffnungslosigkeit und des Entstehens der berührenden Wahrheit, mich heute als glücklichen Menschen zu erleben.

Es versteht sich von selbst, dass niemand allgemeingültig definieren kann, was das ist, ein glückliches Leben, ein Leben in Leichtigkeit. Das kann immer nur eine individuelle und daher relative Feststellung sein, die jeder für sich treffen muss. Meine heute gelebte Realität aber drückt sich nun mal in einem solchen Glücksempfinden aus und ist umso bedeutsamer einzustufen, als ich davor eben auf diesen als Hölle empfundenen Weg geriet, auf dem ich lange hilflos herumzappelte.

Ich empfinde keine Scheu, offen auf sehr persönliche und teils intimste Erlebnisse einzugehen. Warum auch? Wichtiger als vielleicht aufkommende Peinlichkeit ist, meine Reflexionen mit dem Leser, also mit dir, zu teilen. Versteckspiele haben dabei keinen Platz.

Das Leben streckt seine Tentakeln nach überall hin aus. So berühre ich nicht nur zwangsläufig, sondern auch gewollt gewagte wie diskutierbare Themen wie Spiritualität, Meditation, Gebet, Gott, Glaube, Beziehung, auch Ökonomie und Politik, und streife auch sachte das Thema Sexualität.

Im letzten Teil ließ ich es mir auch nicht nehmen, meiner Meinung, teilweise meiner Empörung über soziale Ungerechtigkeiten freien Lauf zu lassen. Das erlaubte ich mir besonders dann ganz unverblümt, wenn beim kritischen Blick auf ein paar Details meiner Verwicklungen ökonomische Zusammenhänge als Ursache sich aufdrängten. Und besonders, wenn ich mich in meinem Gerechtigkeitsempfinden verletzt fühlte, ließ ich mich beim Schreiben allzu gerne anstacheln, um meinen Emotionen in ganzer Absicht nachzugeben, immer dem Begehren folgend, dass es einfach gesagt werden muss. Gerne gegen jede herrschende Meinung, dumpfe Verstandesorientierung, Vernunft und Logik, jenes von Versuchen fremder Einflussnahme so oft vergifteten Quartetts.

Diesem inneren Drängen geradezu lustvoll nachzugeben drückt ganz nebenbei auch die erwähnte Leichtigkeit aus, die mein Leben heute so befreiend begleitet, wo ich mich doch in meinem Elend damals nur dumpf und leer, mutlos und resigniert erlebte. Heute erlaube ich es mir; einfach so.

Es mag überraschen oder sogar unglaubwürdig klingen, in einer so katastrophalen Bedrängnis, die damals tsunamiartig über mich hinweggeschwappte, Lösungswege gefunden zu haben, denn das habe ich tatsächlich. Zwar in aller Regel nicht sofort, aber nach und nach, wie in einer Art Morgendämmerung. Not gebiert am Ende immer Lösungen, aber leider kommen wir unterwegs regelmäßig in Konflikt mit unserer Ungeduld, unserem Selbstmitleid und unserem mangelnden Vertrauen, das ist höchst bedauerlich, aber sehr menschlich.

Unbesehen unserer menschlichen Unzulänglichkeiten: Es ist ganz und gar bemerkenswert, was Not zum Vorschein bringen kann:

*Die Kraft des Sehnens.*

Sie veranlasste mich, taumelnd nach dem letzten Strohhalm zu greifen, hielt meine Fantasie vom zutiefst ersehnten Trost aufrecht und nötigte mich regelrecht, die Hoffnung auch dann nicht aufzugeben, wenn sie mal wieder so unauffindbar war wie die Marmelade im Keller nach einem Stromausfall.

Weil ich es erfahren habe, behaupte ich felsenfest, dass dieses Sehnen, wie ich es nenne, uns angeboren und untrennbar mit dem Menschsein verbunden ist. Ich gehe davon aus, dass es sich um jene Urverbundenheit handelt, die zu beschreiben uns die Worte fehlen. Manche nennen es als Gott oder das Universelle, oder das Höchste, den Spirit oder nennen es die Quelle. Egal welche Namen wir dem geben, jeder trägt es in sich. Es ist zwar möglich es zu übersehen, aber es ist unmöglich es zu verlieren.

# TEIL 1  Aufstieg und Absturz

## I. Aufbruch ins Fiasko

*Eine fatale Entscheidung*

Wir waren gute Freunde. Er ein agiler, stets freundlicher, humorvoller, hilfsbereiter Kumpel. Wir studierten zusammen, zuerst an der Fachhochschule, dann an der Uni, tranken zusammen so manches Bier. Seine Kinder kletterten auf mir herum, ich war quasi erweitertes Familienmitglied. Bei gegebenem Anlass quollen hin und wieder Details über seine Verwandtschaft empor, mittelständige Unternehmer, wie sie ihn irgendwie einmal ausbooteten. Ich habe es nie richtig verstanden, aber ich wunderte mich manchmal über seine klettenhafte Anbindung an dieses Thema. Dann konnte er langatmig vorwurfsvoll und auch mal wütend werden und dann trat sein unbändiger und trotziger Ehrgeiz zutage. Ich dachte mir nicht viel dabei. Er war ja nach unserem Studium erfolgreich im Mediengeschäft, wofür ich ihn bewunderte.

1989, also mehr als ein Jahrzehnt nach dem Ende unserer Studienzeit, unsere enge Freundschaft bestand immer noch, fragte er mich, ob ich mit ihm zusammen ein Unternehmen gründen wolle, er habe eine vielversprechende Idee.

Damals war ich schon einige Jahre freiberuflich selbständig, was mich aber nicht wirklich erfüllte und dachte bereits über eine Veränderung nach. So schien mir seine Idee gerade zur rechten Zeit zu kommen. Ich prüfte und überlegte. Sah mich schon auch zum Zögern veranlasst, ließ mich dann aber doch darauf ein und zog deshalb in die Nähe von München, um mit ihm zusammen das Projekt zu starten.

Einige Sachverhalte gaben Anlass zu Diskussionen, was ich für ganz normal hielt bei solchen Planungen. Allerdings wollte mein Geschäftspartner gleich zu Beginn eine GmbH gründen, er machte dies sogar zur Bedingung und das wollte ich nicht einsehen, denn bekanntlich kostet das gleich mal eine Menge Geld. Aber ich brachte viel Optimismus aus meiner vorangegangenen beruflichen Laufbahn mit und willigte schließlich ein.

Bald stellte sich heraus, dass ich meinem Freund, wie ich heute weiß, viel zu blindlings vertraute. Es dauerte nicht allzu lange, bis ich mir eingestehen musste, dass ich mich bei weitem zu blauäugig auf diese Unternehmung einließ und damit auf ein haarsträubendes Unterfangen.

Schon bald entpuppte sich das ganze Vorhaben als abgründiges Fiasko. Wir fielen auf Leute herein, die Lügner waren und Täuscher. Unsere Aktivitäten offenbarten nach und nach kaum zu beherrschende Risiken.

Nach noch nicht einmal drei Jahren war unsere Firma insolvent. Mein privates Vermögen löste sich in rasender Geschwindigkeit in Nichts auf. Mehr noch, es verkehrte sich ins Gegenteil. Ein massiver Schuldenberg türmte sich auf.

Als ich die Ausweglosigkeit erkannte, war es bereits zu spät. Mein Partner ließ sich auf keine erlösende Entscheidung ein, die zwar ein Ende mit Schrecken gewesen wäre, aber wenigstens ein Schrecken ohne Ende verhindert hätte. Um zu retten, was noch zu retten war, und das war schon nicht mehr weit entfernt vom nackten Überleben, blieb mir die einzig sinnvolle Alternative, um dem Schlamassel zu entkommen: So schnell wie möglich aus dem Unternehmen auszusteigen, was ich nach beinharten Diskussionen auch tat.

*Alles schien verloren*

Psychisch schwer angeschlagen, in anhaltendem Schockzustand, in Panik und unter großem Druck suchte ich einen neuen Job. Wie aber sollte das funktionieren, tief enttäuscht wie ich war, deprimiert, kraft- und mutlos, wie sollte so ein Neuanfang gelingen?

Und, als wäre es nicht schon Tragödie genug gewesen, ging in dieser Zeit auch noch eine Liebesbeziehung in die Brüche. Nun lag alles in Scherben, meine Träume, meine Hoffnung, so ziemlich alles, worauf ich mein bisheriges Leben gebaut hatte. Die Katastrophe nahm unvermeidlich ihren Lauf.

Bald überwies die Bank meine Miete nicht mehr.

Die Folgen waren niederschmetternd. Ich geriet in einen abgrundtiefen Strudel, der nicht nur meine finanzielle und berufliche Existenz zerstörte, sondern beinahe auch meine physische. Damals war ich von so erhabener Weisheit wie eingangs zitiert („Kinder, macht euch keine Sorgen") so weit entfernt wie ein Obdachloser von einem Dinner im 5-Sterne-Hotel.

Meine seelische Balance war außer Kontrolle geraten. Verzweiflung fing an mich aufzufressen. Ich geriet in einen gefährlichen Strudel von Hoffnungslosigkeit. Ein Sog, der mich zu vernichten drohte. Zurückerinnert aus heutiger Distanz kommt es mir vor, als hätte ich es mit einer Macht zu tun gehabt, der ich verloren ausgeliefert schien wie ein welkes Blatt dem Wirbel eines Tornados. Über eine unerträglich lange Zeit nahm ich alles um mich herum und in mir drin wie abgedunkelt wahr. Zu der Zeit war ich nicht in der Lage, mir vorzustellen, jemals wieder Licht am Ende des Tunnels zu finden. Mein Leben entwickelte sich unaufhaltsam zum Horrortrip. Meine Lebensenergie hing nur noch am seidenen Faden.

Ich fand ich mich in einer derartig lähmenden Finsternis wieder, dass ich mich heute wundere, wie ich das alles nicht nur psychisch, sondern schon rein körperlich, durchstehen konnte. Wie ich, mein Körper, es bloß anstellte, so viel Flüssigkeit zu produzieren für die jahrelang geweinten Tränen und den Angstschweiß Nacht für Nacht.

Ich befand mich in einem Dauerschock, der einfach nicht enden wollte. Ihn durchzustehen, löste eine ganze Kette verschiedenster Herausforderungen aus, die für mich schmerzvoller und energieraubender nicht hätten sein können.

Wie ich diese brisante Zeit überstand und aufarbeitete, wird den Inhalt der folgenden Kapitel ausmachen.

## Die Vorgeschichte

Eine Entscheidung kann nie isoliert von allem, was vorher war, getroffen werden. Sie ist immer nur der Teil eines umfassenderen Prozesses.

Bevor ich in diese Katastrophe geriet, war ich dieser Wolfgang Wüst. Und während des langanhaltenden Desasters ebenso, so wie auch noch heute. Eigentlich ist es überflüssig das zu betonen, tue es aber trotzdem, weil ich sicher bin, dass meine Aufzeichnungen verzerrt dargestellt wären, würde ich sie nur auf die Zeit ab der Firmengründung begrenzen. Sie könnten nicht vollständig und im Kern nicht wahrheitsgemäß sein.

Außerdem will ich verdeutlichen, aus welch höchst inspiriertem und lebensbejahendem Höhenflug heraus ich erst in diesen Absturz geriet und was dieser Höllenritt mit mir angestellt hat. Nur so kann ich nachvollziehbar darstellen, wie hoch die Fallhöhe war, als ich hart am Boden der Tatsachen aufprallte, aber auch, wie tief beglückend sich die Heilung der davon getragenen Wunden bis heute auswirkt.

Beginne ich also ziemlich am Anfang meines Lebens.

## II. Prägung und Orientierung

Die Zeit meiner Geburt hätte kaum chaotischer ausfallen können. 1944, kurz vor dem Ende des zweiten Weltkrieges. Meine Mutter erzählte mir, dass sie nicht nur einmal mit meinem dreijährigen Bruder an der Hand und mich in ihrem Bauch in den gegenüberliegenden Luftschutzkeller rennen musste wegen Bombenalarms.

Die Begleitumstände meines Starts ins Leben waren so gesehen aberwitzig. Trotzdem erlebte ich meine Kindheit als unbeschwerter Bub voller lausbübischem Übermut und in kindlicher Naivität weit entfernt von den nicht geringen Überlebenssorgen der Erwachsenen.

Als Heranwachsender war ich unaufhaltsam in Bewegung. War aktiv im Sport wie Fußball, Skifahren, Waldläufe, auch Tischtennis als Ligaspieler und war sogar leidenschaftlicher Turniertänzer. Mein junges Leben verlief also trotz der schwierigen Umstände um mich herum einigermaßen unbeschwert und in der selbstverständlichen Erwartung, dass ein glückliches und erfolgreiches Leben auf mich warten würde. Trotzdem gab es natürlich auch eine andere Seite meines jungen Lebens, die mich prägte.

Wir lebten in einfachsten Verhältnissen und für meine tapfere Mutter war es alles andere als einfach, in dieser chaotischen Nachkriegszeit wenigstens das Notwendigste für uns aufzubringen. Auch wenn wir als unbekümmerte Landkinder wie gesagt die Not nicht konkret als solche wahrnahmen, war *eine* beklemmende Realität allgegenwärtig: Unser Vater war nicht da. Er kam nicht mehr aus dem Krieg zurück. Glücklicherweise war das für mein kindliches Gemüt nicht ganz begreifbar und habe es daher kaum als etwas Schicksalhaftes erlebt, jedenfalls nicht bewusst.

Anders bei unserer Mutter. Ich erinnere mich gut daran, wie ich als kleiner Knirps und später sowieso immer wieder schmerzlich berührt miterleben musste, wie sehr sie mit ihrem Schicksal zu kämpfen hatte.

Wo ich auch hinsah, gab es diese Schicksale: Der Vater des einen Freundes kam mit nur einem Bein aus dem Krieg zurück. Einem Bekannten meiner Mutter wurde die halbe Hand weggeschossen und einem meiner Lehrer hatte man in den Mund geschossen, er zeigte uns seine Austrittsnarbe hinten am Nacken. Andere kamen erst nach Jahren, manche erst nach zehn Jahren aus der Kriegsgefangenschaft zurück – als Wrack. Ein Drittel der Väter in meiner Schulklasse kehrten gar nicht zurück. Dass mich das ins Grübeln brachte, konnte gar nicht ausbleiben und in meinem kindlichen Gemüt begannen sich unweigerlich Fragen einzunisten.

*Fragen ohne Antworten*

Ich war ein sehr unruhiges Kind und war ein Quirl in Dauerbewegung. Stillsitzen, zum Beispiel auf der Schulbank, war eine Qual für mich und kaum, dass

22

die Klingel das Ende des Schultages verkündete, flitzte ich ins Freie wie vom Bogen abgeschossen. Erst viel später als Erwachsener realisierte ich warum.

Da war ein Suchen und ein Sehnen, tief vergraben in mir, vollkommen unbewusst und in meiner kindlichen Unschuld. Weit entfernt auch nur von der Andeutung einer Ursache für diese drastische Unruhe, doch wirkungsvoll genug, um mich bei jeder sich ergebenden Gelegenheit lossausen zu lassen wie eine Feuerwerksrakete,

Was mir bis heute in Erinnerung blieb, ist die Unmöglichkeit, auch nur für einen Moment Ruhe zu geben. Meine Umtriebigkeit machte meine Umgebung ratlos. Was sollten sie nur anfangen mit diesem kleinen Kerl, der einfach keine Ruhe geben wollte. Wenn man sucht, aber nicht weiß wonach und Fragen hat, aber nicht weiß wonach man überhaupt fragen soll, muss ja Unruhe aufkommen. Ich spürte, dass es da schlimme „Dinge" gab, die ich nicht verstand und die steckten wie ein Stachel in meinem Gemüt. Das erzeugte Spannung, die sich auf die Dauer als Sprungfeder entpuppte.

Das Kind wurde älter, der Stachel blieb stecken. Meine im Verborgenen wühlenden, manchmal stürmisch hervorbrechenden Unsicherheiten ließen kaum ein Selbstwertvermögen aufkommen. Ich hielt mich für einfältig und unfähig. Eine traurige Haltung machte sich in mir breit: „Du kannst nichts, du weißt nichts, du bist nichts".

Ich erinnere mich, wie mir einmal erschreckend bewusstwurde, dass das, was in der Zeitung stand, mir ein Rätsel war. Ich war vielleicht 12, 13 Jahre alt, natürlich konnte ich lesen. Aber ich verstand einfach nicht, was gemeint war und wie man eine Zeitung „richtig" liest. Mich mit diesem bitteren Eingeständnis konfrontiert zu sehen, wirkte gründlich deprimierend auf mich. Alle möglichen Leute lasen die Zeitung. Auch die, die ich für doof hielt. Und ich sollte zu beschränkt sein zum Zeitung lesen? Versteckt in meinem hintersten Bewusstseinskämmerchen und lange nicht wirklich wahrnehmbar kristallisierte sich nach und nach ein Begehren heraus: Ich will diesem grauen nervtötenden Alltag entfliehen.

## Beruf ohne Berufung

Es erwies sich auch nicht als glückliche Entscheidung, einen Zappelphilipp wie mich nach Schulabschluss, ich war übrigens noch 13, in eine Lehre zu schicken, in der ich den lieben langen Tag angestrengt bewegungslos auf dem Hintern verharren musste, um oft atemanhaltend, mit absolut ruhiger Hand auf zehntel Millimeter präzises Handwerk zu verrichten.

Ich erlernte den Beruf des Stahlgraveurs, damals ein sehr angesehener Beruf. Aber meine Überzeugung, ob diese Berufswahl die richtige für mich war, hielt sich in Grenzen. Warum, wusste ich selbst nicht genau. Andererseits war ich auch stolz, dieser angesehenen traditionsreichen Handwerkergilde anzugehören; auch mein Vater war Graveur. Das unbehagliche Gefühl wegen des eingeschlagenen Lehrberufes aber blieb. Alles verunsicherte mich: Von morgens bis abends zum Stillsitzen verurteilt zu sein, der teils raue Umgangston in der Werkstatt, das Gefühl, nicht wirklich zu wissen, was ich da tat und ob ich das überhaupt wollte, alles trug seinen Teil zu einer schleichenden Frustration bei. Das flaue Gefühl, nicht den Durchblick zu besitzen, was besser wäre mich und um gezielt genug hinterfragen zu können, um womöglich noch die Kurve in eine andere Richtung einschlagen zu können, machte mich anhaltend nervös. Die Aussicht, so die nächsten fünfzig Jahre verbringen zu müssen, ich spürte irgendwie, dass das nicht mein Weg sein konnte. Der eingeschlagenen Richtung wusste ich mich nicht zu erwehren, jedenfalls zunächst nicht.

Ein frustrierender Schwebezustand, der lange in mir herumgeisterte, allzu lange. Zeit heilt zwar Wunden, kann aber auch Druck erzeugen. Der nahm zu. So wurden Energien in Bewegung gesetzt. Die Fragen konkretisierten sich.

Es war wohl der zeitlichen Nähe zu den vorangegangenen Kriegsgräueln geschuldet, dass die Älteren meine für sie sicher heiklen Fragen unbeantwortet ließen und waren deshalb eher Bremsfaktor als vertrauensvolle Aufklärer gewesen. Mich machte das misstrauisch, ich sehe aber aus heutiger Sicht ein, dass ihre Reaktion nicht verwunderlich war. Schließlich lag das Ende des Zweite Weltkrieges gerade mal 13 Jahre zurück, als ich zum Beispiel 14 Jahre alt war.

Mein Argwohn aufgrund meiner unbeantwortet gebliebenen Fragen steigerte sich, je älter ich wurde. Ich hatte damals wirklich noch nicht viel kapiert, aber diese ganzen kriegsbedingten Nachwirkungen waren unlöschbar gespeichert auf meiner inneren Festplatte und das wirkte nach. Allzulange vor dem „Ernst des Lebens" wegzulaufen konnte nicht funktionierten und kam für mich auch nicht in Frage. Ein latentes Unbehagen nistete sich ein.

Ich musste selbst auf Entdeckungsreise gehen. In eine andere Sphäre, außerhalb meiner Familie, außerhalb meiner sozialen Gebundenheit, weit außerhalb der Gravierwerkstatt.

Wie zum Beispiel funktionierte die nicht gerade kleine Schmuckfabrik, in der ich arbeitete? Was waren das für Leute im weißen Kittel, die gelegentlich aus den oberen Etagen in unsere Werkstatt herunterkamen? `Was tun die da oben?`

Der Meister, die Kollegen, alle machten sich sichtlich beflissener an die Arbeit, sobald die Weißkittel auftauchten. Mir gaben sie zu erkennen, dass mich die oberen Etagen gar nichts angingen außer, dass wir zu tun hätten, was die uns anwiesen und ich solle ja nicht auffallen, wenn die auftauchten. Das weckte erst recht mein Interesse. Wer waren sie? Was taten die nur da oben?

Eines Tages bekam ich die Gelegenheit, ihnen bei der Arbeit zuzusehen. Ich als Graukittel bekam den Mund nicht mehr zu. Die saßen an sauberen Schreibtischen, hantierten mit weißem Papier und telefonierten mit sonst wem auf der Welt (zur Erinnerung: Wählscheibentelefone, zuhause hatten wir noch lange keines)!

Es kam wie es kommen musste. Diesem grauen Alltag, in den ich geraten war, wollte ich entfliehen. Das Wie blieb mir noch eine ganze Weile im Halse stecken. Noch war mir nicht wirklich klar, mit welchem Schritt ich beginnen sollte. Die Zeit war noch nicht reif.

## Eine erste Weichenstellung

Wie? Was? Wo? Entweder man verfällt der Hilflosigkeit oder man lässt sich von ihr antreiben. Eines Tages wandte ich mich an einen Freund, von dem ich wusste, dass er Sport studiert. Ich wolle lesen, wüsste aber nicht was und was er mir empfehlen würde. Etwas minderbemittelt kam ich mir dabei schon vor und ich kann mich noch deutlich erinnern, wie mir meine Frage peinlich war. Er war aber feinfühlig genug, um meine verklemmte Lage zu überspielen und sagte mir ohne lange Umschweife, ich solle Bücher über Psychologie lesen. Er empfahl mir, mit Erich Fromm zu beginnen.

Ich las und las und konnte bald nicht mehr aufhören. Welch ein epochaler Schritt! Die Welt der Bücher war noch vollkommen neu für mich! Ein Sog der Faszination erfasste mich, was nicht nur all die Inhalte der Bücher schafften, die ich zu entdecken begann. Allein die Tatsache, dass ich in ernsthafter Weise zu lesen überhaupt begonnen hatte, ergötzte mich regelrecht und ich schaute mir dabei beglückt selber zu. Ich las Erich Fromms „Die Psychoanalyse der Ethik", „Die Kunst des Liebens". Entdeckte überrascht, dass in solchen Büchern ein riesiger Fundus an Literaturhinweisen steckt, denn das wusste ich vorher einfach nicht. Sogar bei Freud und C.G. Jungk landete ich, bei Ernest Dichter, Rudolf Steiner, Hermann Hesse … . Ich las und las, vergrub mich in den Büchern und hoffte, Klarheit über das Leben im Allgemeinen und meines im Besonderen zu finden. Bei Erich Fromm erfuhr ich etwas über Meditation. Davon hatte ich vorher nie etwas gehört. Das Thema blieb haften.

Ich las und grübelte und die Jahre vergingen, aber meine bohrendsten Fragen blieben unbeantwortet. Die Welt um mich herum bebte und oft genug auch ich selbst und ich hatte keine Antworten und andere schienen sie auch nicht zu haben. Und ein Ausweg aus meiner beruflichen Sackgasse zeichnete sich auch noch nicht ab. Das war zum Verrücktwerden. So viel ich auch suchte und las und grübelte, die eine Generalfrage haftete an mir wie eine Klette: Soll das alles sein? Das musste ein Mangelgefühl erzeugen, und das erzeugt bekanntlich Spannung

Auf meiner Stirn schien ein Etikett zu kleben, auf dem geschrieben stand: "Du gehörst zu den einfachen Leuten, überlass das Anspruchsvolle den anderen". „Schuster bleib bei deinen Leisten". Sprüche dieser Art gingen mir zunehmend auf die Nerven. Diese Aussicht auf den Rest meines Lebens empfand ich als beengende Zwangsjacke. Mich damit abzufinden, kam jetzt nicht mehr in Frage.

Ich wollte viel mehr wissen, viel mehr können! Alles in mir rebellierte jetzt gegen die eingeschlagene Richtung meines bisherigen Lebens! Die Tragweite dieses Prozesses war mir bei weitem nicht bewusst, aber es brodelte. „Du weißt nichts, du kannst nichts, du bist nichts!" Dieses unselige Urteil, das über mich gefällt schien, braute die Sud zusammen, die nur noch den einen Zündfunken brauchte, um den längst fälligen Ruck auszulösen.

## III. Erfüllung eines Traumes

*Ein elektrisierender Impuls*

Eines Tages wurde ich mit einer derart verblüffenden Nachricht überrascht, dass es mir fast die Sprache verschlug, was eine *der* Initialzündungen meines Lebens auslöste!

Mein damals bester Kumpel Heinrich, der Architektur studierte, ließ einmal ganz beiläufig die Bemerkung fallen: „Weißt du eigentlich, dass du auch studieren kannst?" Entsprechend der einfachen Verhältnisse aus denen ich stammte, starrte ich ihn ungläubig an und fragte ihn, ob er mich veralbern wolle. Acht Jahre Volksschule und dreieinhalb Jahre Berufsschule war alles, was ich als Bildung vorzuweisen hatte. Von der Idee, zu studieren fühlte ich mich etwa so weit entfernt wie von einer Teilnahme an Olympia. „Nein Mann", sagte er, „in Pforzheim gibt es eine Höhere Wirtschafts-Fachschule (HWF, später Fachhochschule für Wirtschaft), dort kann man auch ohne Abitur studieren. Informiere dich doch einfach mal."

Ich war elektrisiert. Da schien sich ein Tor zu einer Welt zu öffnen, der ich bisher nur neidvoll von außen zugeschaut hatte. Die vernebelten Visionen meiner neuen Zukunft bekamen plötzlich klare

Kanten. War das der lang ersehnte Ausweg aus meiner einschnürenden Lage?

Mit reichlich Herzklopfen aber mit dem Mute eines Weltenentdeckers eilte ich bei der erstbesten Gelegenheit zu diesem für die Einschreibung zuständigen Dozenten der HWF. Zu meinem Erstaunen sagte der zu mir, er habe große Achtung vor jemandem wie mir, der eine Lehre abgeschlossen hat und nun nach mehr strebe. Und, da war ich echt platt, er betonte, dass mein Vater im Krieg gefallen sei, das sei echt nicht einfach für mich und er würde mir hinsichtlich der Aufnahme deshalb entgegenkommen. Ich solle die Mittlere Reife nachholen, möglichst mit mindestens einer zwei im Zeugnis wegen des Numerus Clausus, und wenn ich dies schaffte, würde er mich aufnehmen, auch ohne die sonst obligatorische kaufmännische Lehre, nur ein kaufmännisches Praktikum solle ich noch mitbringen.

Das ließ ich mir nicht zweimal sagen, auch wenn ich zunächst keine Ahnung hatte, wie ich das alles anstellen sollte: Mittlere Reife? Eine Zwei als Abschluss?! Kaufmännisches Praktikum? Was meine Bedenken wegen der Zweiernote betraf, beruhigte mich Kumpel Heinrich von vornherein: „Mach dir keine Sorgen wegen Mathe, englisch und so. Ich helfe dir, wenn du es brauchst."

*Heinrich, nicht nur, dass du mir herrliche Bergtouren und abenteuerliche schwarze Skiabfahrten erschlossen und mit anderen wunderbaren Überraschungen wie meiner „Ernennung" zum Skilehrer mein Leben mit jeder Menge Spaß befeuert hast, dieser Tipp, das war große Klasse und mein Dank erreicht dich jetzt in der anderen Welt, wo dir die*

*Berge friedlich gesinnt sind, da bin ich mir ganz sicher. Unsere Freundschaft war ein echtes Geschenk. Danke!*

## Mein Aufbruch

Zwei Jahre lang besuchte ich abends nach der Arbeit die Abendrealschule und holte die „Mittlere Reife" nach. Wegen der erforderlichen Zwei im Abschlusszeugnis plante ich, bei jeder Arbeit auf eine Eins pauken. Schief geht immer etwas, aber für eine Zwei kann es dann reichen, dachte ich mir. Ich, der nie ein besonders guter Schüler war und nie wirklich gelernt hatte, wie man lernt, hatte eine 1,9 im Abschlusszeugnis!

Nebenher konnte ich das geforderte Praktikum in dem kleinen Handwerksbetrieb absolvieren, in dem ich gerade beschäftigt war. Eine menschlich großzügige Geste meines damaligen Chefs.

Mit dem Reifezeugnis in der Tasche war der erste Schritt in Richtung meiner großen Vision getan: Die Zulassung zum Studium an der Fachhochschule.

Nun war ich Student der Betriebswirtschaft, was enorme Energien in mir zutage förderte. Meine Zuversicht wuchs und parallel dazu mein Entdeckergeist. Welch eine neue Welt erschloss sich mir! Die Schwielen an meinen Händen, der ölige Schmutz, die angestaubten Meinungen und der dumpfe Umgangston in der Werkstatt, die deprimierende Aussicht, in diesem Käfig bis zur Pension gefangen zu bleiben, gehörten der Vergangenheit an. Nun studierte ich an einer Hochschule! Hier schrieb ich keine Klassenarbeiten, sondern Klausuren und am Ende mein Examen. Und ich, der vermeintlich den Schicksalsmächten unentrinnbar ausgelieferte kleine Dorfbub, für den bisher Stichel und Feile, Hammer und Meißel, Säuren und ölige Maschinen den Alltag bestimmten, der sich an den Umgang mit Füller und Papier zuerst gewöhnen musste, schrieb in der Abschlussarbeit an der Fachhochschule eine Eins! Das betone ich nicht, um meine Fähigkeiten besonders herauszuheben. Dafür gäbe es keinen Grund. Damit möchte ich lediglich den unglaublichen Kontrast zwischen der vorherigen Lebensphase und der nun in die Wege geleiteten mit seiner gewaltigen Aufbruchsstimmung skizzieren. Ich werde darauf zurückkommen. Das Studium zum Betriebswirt (grad.) absolvierte ich mit einem mittleren Notendurchschnitt.

*Unaufhaltsam*

Von diesem Hochgefühl getragen schwebte ich nun durch mein neues Leben. Meine Begeisterung steigerte sich ebenso wie mein Staunen über all das Neue, was sich zum Entdecken vor mir ausbreitete. Ich schwamm auf einer Welle der Euphorie, die mich herauskatapultierte aus meiner dörflichen, familiären und beruflichen Enge. „Was kost' die Welt, ich will sie kaufen", drückte mein damaliges

Lebensgefühl treffend aus. Ich fühlte unbändigen Stolz.

Dass ich nun so viel auf die Beine gestellt hatte, verblüffte meine ganze Umgebung, auch zeitweilig mich selbst, fühlte ich mich doch mit einer Wucht in dieses neue Dasein gehievt, das noch nicht lange zuvor überhaupt nicht in meiner Vorstellung existierte. Den eingeschränkten Lebensverhältnissen zu entfliehen, etwas Größeres zu schaffen, als es in meiner Familie je gab, Grenzen niederzureißen, hinter bisherige Horizonte zu gelangen, neues Wissen zu erschließen - mein neues Leben genoss ich in ungestümer Begeisterung - mein Lebensmotor nahm jetzt so richtig Fahrt auf. Diese im wahrsten Sinne des Wortes bewegende Entwicklung auf einen Nenner gebracht:

Ich hatte mir bewiesen, es ist viel mehr möglich. Mein energisches Suchen hat gefruchtet!

Schon plante ich die nächste Stufe auf dem Weg zum Olymp. Mit meinem Abschluss an der Fachhochschule hatte ich die Allgemeine Hochschulreife erworben. Ein Zeugnis, ein Berechtigungsschein, nicht viel mehr als ein Verwaltungsakt, aber dieser hallte in mir nach wie ein Fanfarenstoß! Der Weg war frei zur Fortsetzung meines Studiums an der Technischen Universität in Berlin!

In der umwerfenden Atmosphäre der damals geteilten Inselstadt West-Berlin mit seinen weltberühmten Theatern, Galerien, nicht enden wollenden Angeboten an Klassik, Jazz, Kunst, sog ich wissbegierig und wie ausgehungert alles auf, was ich aufstöbern konnte und badete begeistert darin.

Und ich genoss in vollen Zügen ein wildes unbe-schwertes WG-Studentenleben.

*Ich studiere jetzt an einer Universität. Das muss man sich einmal vorstellen,* jubilierte mein Herz in an-haltender Hochstimmung.

Meine Euphorie trieb meine Ambitionen immer weiter voran. An der Uni belegte ich weitere Gast-semester, um meinen grenzenlosen Wissensdurst zu befriedigen. Das Studium schloss ich ab als Dip-lom-Kaufmann. Und ich verliebte mich.

Meine erste Stelle als Akademiker trat ich in einer Handelsagentur an. Dort hatte ich schon mal span-nende und aufschlussreiche Aufgaben, die mich in viele Berliner Unternehmen führten, auch zu den großen wie Siemens, Bosch, BMW (Motorrad) und wie sie alle hießen. Nach zwei Jahren erhielt ich ein interessantes Angebot im Vertrieb eines Weltkon-zerns, war auch dort bald erfolgreich, verdiente richtig gut und lernte durch den Job die halbe Welt kennen.

Auch außerhalb der Arbeitswelt trugen mich die Wellen purer Lebensfreude von einem Highlight zum anderen. Ich tanzte mich in den angesagtesten Clubs in Schweiß und Ekstase. Ließ mich in welt-berühmten Theatern wie der Schaubühne oder dem Schillertheater in Staunen versetzen darüber, was auf Theaterbühnen alles möglich ist. Die größ-ten Jazz-Musiker dieses Planeten zelebrierten ihre atemberaubenden Improvisationen - und ich war dabei. Auch Klassikkonzerte unter anderem mit den Berliner Philharmonikern unter Herbert von

Karajan ließ ich nicht aus. So war sie, meine neue große Welt.

In jedem Moment genoss ich voller Stolz meinen vollzogenen Aufbruch, der bis dahin immerhin mehr als zehn Jahre gedauert hatte.

*Jetzt hast du erreicht, wovon du geträumt hast und wofür du so lange hart gekämpft hast. Nun kannst du deinen Erfolg in Händen halten und weitere spannende Etappen liegen vor dir. Das ist dein Leben,*

solcherart waren meine Jubelgedanken in dieser Zeit.

Ich fühlte mich unbesiegbar!

*Erste Berührung mit der Welt des Ostens*

Wer sich unbesiegbar fühlt, will Grenzen niederreißen. Eine kraftvolle Neugier war geweckt, damals während meines Studiums an der Fachhochschule. Ich schaute mich um, was es außer Betriebswirtschaft und Mädels sonst noch gab. In einer Zeitungsanzeige stand etwas von Meditation.

Meditation, das klang nach einer Mischung aus Magie und Entspannung und Geheimnis. Ich wurde neugierig, sehr neugierig, und bald hatte ich meditieren gelernt.

Alles war neu. Die Methode, das Wissen, die Kultur, der das alles entstammt, kamen aus dem Osten, aus Indien. Begriffe wie Spiritualität, Weisheit, Östliche

Philosophie waren auf faszinierende Weise fremd und übten eine geheimnisvolle Anziehungskraft auf mich aus und nahmen mich in einer umfassenden Weise gefangen.

Ohne zu übertreiben, mein gesamtes Dasein bewegte sich auf eine andere Basis zu, was mir anfangs allerdings in keiner Weise bewusst war. Meditation und alles, was auch im weitesten Sinne damit zu tun hatte, sollte von nun an eine Hauptrolle in meinem Leben spielen.

Bald scheuchten mich aufregende Andeutungen auf: Auch in unserer heutigen Welt scheint es Menschen mit unvorstellbarem Wissen zu geben. Meister, Weise, Gurus. Menschen, die Antworten auf alle meine Fragen zu besitzen scheinen. Noch waren sie für mich unerreichbar, doch angesichts der unglaublichen Geschichten, die ich im Laufe der Zeit über sie hörte, wollte ich unbedingt glauben, dass es sie gibt. Heute weiß ich es.

Langsam stellte sich bei mir eine Ahnung davon ein, dass es keinesfalls eine Illusion ist, zu einem Leben mit erheblich weiterem Horizont zu finden, als ich es mir bisher vorstellen konnte.

## IV. Höhenflug und Absturz

*Hoch geflogen*

Eines Tages bot mir mein Arbeitgeber die Chance, am Bodensee mit einem Kollegen zusammen einen Verkaufsbezirk auszubauen. Berlin hatte ich nach acht Jahren zur Genüge ausgekostet, so dass das Angebot gerade zur rechten Zeit kam, um meiner süddeutschen Heimat wieder näher zu kommen. Ich zog nach Konstanz am Bodensee. In dieser Bilderbuch-Landschaft am See und nahe der Schweizer Berge fand ich genügend Gelegenheiten, mein Leben so genießerisch fortzusetzen, wie ich es in Berlin begonnen hatte. Mein beruflicher Erfolg ließ auch dort nicht lange auf sich warten und mein Einkommen wuchs in Größenordnungen, die ich mir nicht einmal erträumt hatte.

Sechs Jahre später kündigte ich bei dem Unternehmen, um mich selbständig zu machen. Zunächst lief weiterhin alles bestens. Ich kaufte mir ein schönes Auto, eine Eigentumswohnung, dazu später mehr. Nichts schien mir mehr unmöglich und mein Leben glitt wie von Schwingen getragen dahin.

*Tief gefallen*

Dann traf ich die wohl folgenschwerste Entscheidung meines Lebens. Ich ließ mich auf die erwähnte Unternehmensgründung ein. Dafür zog ich 1990 in den Raum München.

Nicht einmal drei Jahre später stand ich vor meinem Scherbenhaufen.

Vielleicht übermütig geworden vom stetig gewachsenen Hochgefühl und der Erfahrung im Rücken, dass mir alles gelingen kann, sprang ich blindlings aus vollem Lauf hinein in die dunkle Grube, die ich schneller, als ich begreifen konnte selbst gegraben hatte. Eine Grube, über der sich der Deckel mit einer Massigkeit schloss, als wolle er jedes Licht von nun an von mir fernhalten. Wie Ikarus verbrannte ich mir die Flügel, die mich trugen.

Angesichts der Tragweite dessen, was folgte, wird die Frage nach dem Warum zweitrangig. Und alles nur auf diese eine Entscheidung zu reduzieren, die natürlich eine gewaltige Fehlentscheidung war, wird den daraus resultierenden unbegreiflich wuchtigen Ereignissen, die meinen kompletten Lebensverlauf auf den Kopf stellten, nicht gerecht. Das Geschehen nahm nun mal seinen Lauf. Was soll ich dem hinzufügen außer der Frage nach dem Schicksal und die würde mich überfordern? Abseits der Frage nach dem Warum aber bleibt eine ganze Menge übrig: Mein ganzes Leben! Es wird also sehr persönlich werden; drastisch in meiner Betroffenheit – und, zunächst, ganz und gar dramatisch.

## Unter Trümmern

Ich fühlte mich, als läge ich unter den Trümmern eines eingestürzten Hauses, wie unter Schock unfähig, die Katastrophe zu realisieren. Ich kämpfte und ich wand und wehrte mich, suchte verzweifelt das Desaster aufzuhalten – es gelang mir nicht. Ängste der unterschiedlichsten Kategorien terrorisierten mich, doch eine packte mich an einer meiner empfindlichsten Stellen: Dass meine Lage niemand verstehen könne. Dadurch fühlte ich mich furchtbar einsam und verlassen.

Der einzige, der noch an meiner Tür klingelte, war der Gerichtsvollzieher. Allein diese Schmach ertragen zu müssen, verbrannte mir fast mein Herz, meinen Solar Plexus, meinen Magen, meinen Verstand - ich weiß es nicht. Er kam nicht nur zwei- oder dreimal. Über die Jahre so an die 20-mal! Meist früh um sieben, was zur Folge hatte, dass ich kaum noch länger schlafen konnte als bis drei oder halb vier. Mein Inneres fühlte sich an wie ein wild tickender Seismograph, entsprechend dem Beben, das unaufhörlich mein Leben erschütterte. Nacht für Nacht jagten mich die Gedanken: *Kommt er heute wieder? Nimmt er dir auch noch den allerletzten Strohhalm. Was liegen heute wieder für gnadenlose Anwaltsbriefe und Drohungen im Briefkasten. Bin ich jetzt der gejagte Verlierer bis an mein Lebensende?*

Endlosschleifen an Höllenszenen raubten mir fast den Verstand. Dieser Horrortrip hielt jahrelang an. Den ganzen Tag lief ich herum wie in einer Unterwelt. Ein wahrer Alptraum! Ich fand keine Möglichkeit, mich dagegen zu stemmen.

Schließlich blieb mir nichts anderes übrig, als den Offenbarungseid zu leisten.

Ich, der es geschafft hatte, in zehn Jahren von Begeisterung, grenzenloser Hoffnung und Enthusiasmus getragenen Aufbruchs mich, mein Leben auf eine ganz neue Ebene an Lebensqualität zu hieven und kaum vorstellbare Träume verwirklichte, musste nun öffentlich mein Scheitern verkünden. Als ich aus dem Amtsgericht kam mit diesem Wisch in der Hand, auf dem im Grunde nichts anderes steht, als dass du keine Würde mehr besitzt, fühlte ich mich wie vom Blitz getroffen. Ich taumelte von einem ziellosen Schritt zum anderen, unfähig für auch nur einen klaren Gedanken, elend weit entfernt vom letzten Funken Hoffnung. Diese finstere Last wollte mich fast unter die Steinplatten des Gehweges quetschen, über den ich mich vom Amtsgericht davonschlich. Mal weinte ich, mal schrie es aus mir heraus. Es riss mich auf. Ich verfiel in schlimme Depressionen. Es gab nur noch Angst und Finsternis. Ich funktionierte nur noch zum Überleben.

Ich halte es für eine große Gnade, dass mir Alkohol und andere Drogen nie etwas bedeuteten und ich auch während dieser dunklen Zeit nicht wirklicher Suizidgefahr ausgesetzt war und dafür bin ich unendlich dankbar.

*Dunkle Mächte*

Dass mir mein bisheriges Leben so komplett um die Ohren geflogen war, registrierte ich anfangs nicht wirklich. Ganz sicher wollte ich die ganze Tragweite auch nicht wahrhaben. Ich konnte es, glaube ich, auch nicht und ich lernte daraus, dass Verdrängen manchmal überlebenswichtig sein kann (aber nur manchmal!).

Nachdem unser Geschäft und damit meine neue schöne Traumwelt wie ein Kartenhaus zusammengestürzt waren, versuchte ich, mit immer neuen Tätigkeiten das schlimmste zu verhindern. Aber längst tendierte meine mentale Beweglichkeit, die Kraft, die ich gebraucht hätte, um mich am eigenen Schopfe aus dem Sumpf zu ziehen, gegen Null. Mit welcher Tätigkeit ich es auch versuchte, den Sturz ins Bodenlose konnte ich nicht aufhalten. Der Druck, den die Gläubiger, in erster Linie Banken und das Finanzamt, auf mich ausübten, pulverisierte den mir noch gebliebenen Rest an Energie, was es mir unmöglich machte, irgendeiner adäquaten Arbeit nachzugehen. Kaum hatte ich mal wieder Geld verdient, drohte sofort die Pfändung und, das sei an dieser Stelle klipp und klar gesagt, ein derart aufgezwungener Teufelskreis raubt einem sämtliche Ressourcen, die für Aufarbeitung und Neuanfang so dringend gebraucht würden.

Die „Blauen Briefe", die ich erhielt, kamen von den angesehensten im Luxus badenden Anwaltskanzleien im Auftrag von ebenfalls sich für renommiert haltenden deutschen Geschäftsbanken. Deren Mahnungen und Zahlungsaufforderungen enthielten keinesfalls nur Aufstellungen über Kosten und Forderungen. Da wurde offen und unverhohlen mit der Zerstörung meiner Existenz mittels Anschwärzung bei Behörden, Vermieter und Finanzamt gedroht und mit weiteren abgründigen Methoden. (So ein Schwachsinn, wo doch meine Existenz sowieso schon in Scherben lag).

Als ich eines Abends von meinem täglichen Existenzkampf wieder einmal zermürbt nach Hause kam, entdeckte ich erschrocken am Fußboden vor meiner Wohnungstür kleine Metallspäne und dachte sofort an Einbruch. Doch bei näherem Hinsehen sah ich unterhalb des Türschlosses ein fein säuberlich mit einem Metallpropfen verschlossenes Bohrloch. Drinnen fehlte nichts, nur lag ordentlich nebeneinander aufgereiht mein Telefon (mein erstes Handy) und einige Ordner. Das Finanzamt – es stellte sich schnell als „Einbrecher" heraus - vermutete wohl Goldbarren und Diamanten unter meinem Bett, einen Mercedes in der Garage und eine Villa im Tessin in meinem Besitz. Wenn man in Betracht zieht, dass meine vier Wände, eine sehr einfache, schmucklose Ein-Zimmer-Wohnung, meine einzige Friedensoase war, mein letzter Schutzraum, in den ich mich noch unbehelligt zurück ziehen konnte, die Tür hinter mir schließen, um (wie so oft!) nur noch die Decke über den Kopf zu ziehen, um allem für eine Weile zu entfliehen, dann kam dieser Einbruch in meine einzige verbliebene Rückzugsinsel einer Entweihung, der Zerstörung meiner kostbaren Privatsphäre gleich. Ein Ausdruck bodenloser und jede Sensibilität entbehrende Behördenblindheit.

Ich verurteile nicht nur diese unredlichen Machenschaften aufs Schärfste! Inzwischen bezweifle ich auch ihre Legalität. Aber offensichtlich können sich Anwaltskanzleien mit einer entsprechend mächtigen Klientel im Rücken alles erlauben, nur um Geldforderungen einzutreiben. Und noch schlimmer scheint mir das bei Finanzbehörden zu sein mit ihrer ausgestatteten Machtfülle, die vor keiner Demonstration ihrer staatlichen Macht zurückschrecken. Mit ihren Vorgehensweisen bewegen sie sich nach meiner Überzeugung auf demselben verachtenswerten Niveau wie manche der Banken. Ob sie sich immer im Rahmen der Legalität bewegen, darf bezweifelt werden. Ganz sicher handelten sie in meinem Fall ohne jeden Bezug zu Sittlichkeit und Gerechtigkeit, augenscheinlich unmenschlich und brutal und dass sie ausgerechnet mit denen so umspringen, die sowieso schon k.o. am Boden liegen, zeigt ihre ganze Kaltschnäuzigkeit umso deutlicher. Was sind das nur für Menschen! Als ich den Finanzbeamten damals zur Rede stellte, antwortete der tatsächlich, er hätte schon manchen Ferrari aus der Garage geholt. Ich hatte damals übrigens keine Garage und mein Auto war ein uralter verrosteter Kastenwagen, dessen Pfändungsmöglichkeit das Finanzamt bereits mehrere Male vergeblich überprüft hatte, und dem Finanzamt war meine komplette Lage überdies schon seit Jahren bekannt! Die Vertreterin einer großen deutschen Geschäftsbank warf mir während eines Vergleichsgespräches, das mir nervlich alles abverlangte, schließlich war es von schicksalhafter Bedeutung für mich, vor, ich wolle ja nur schmarotzen und wäre zu faul zu arbeiten.

Ausdruck von Enthemmung und Werteverlust, was sonst soll man dazu sagen?

In rasender Geschwindigkeit erhöhten sich meine Schulden. Nach ein paar Jahren hatte sich die ursprüngliche Schuldensumme, eh schon in sechsstelliger Höhe, annähernd verdoppelt. Der Grund: Anwaltskosten, Zinsen, Gerichtskosten, Gebühren. Dieses Kosten Roulette wiederholte sich in stetigem Automatismus alle paar Wochen. Die Vorgehensweise hat Methode. Das ist die Lizenz zum Gelddrucken, ausgestellt von der beruflichen Gattung, die sich die Lizenzen selber verleiht!

So schnell wie ein solches Kostenkarussell sich dreht, kann man legal gar kein neues Geld verdienen!

Mein Gefühl des hilflosen Ausgeliefertseins an diese halsabschneiderischen Methoden erzeugte einen Schmerz, als hätte ich dauerhaft ein Messer in der Brust.

Irgendwann war es so weit, glaubte ich nur noch eine allerletzte Minimalchance zu haben, um irgendwie mein Weiterleben zu sichern. Mit der Rest-Energie eines letzten Aufbäumens versuchte ich es. Wenigstens eine beliebige einfachste Tätigkeit müsste sich doch finden lassen, mit der ich, egal wie, über die Runden kommen konnte, auch, das musste ich mir schmerzhaft eingestehen, wenn sie nichts mehr mit meinen erworbenen Qualifikationen zu tun haben würden, die mich einst mit so viel Stolz erfüllten.

Unter den ganz kleinen Zeitungsanzeigen fand ich sie:

**KURIERFAHRER GESUCHT. MIT AUTO UND GÜL-TIGEM FÜHRERSCHEIN.**

Das war „meine" Anzeige. Ich rief an und startete eine neue „Karriere" -  als Kurierfahrer.

# TEIL 2   Wie ich der Hölle entkam

## I. Fluch und Segen

*Engel, gibt's die?*

Irgendwo habe ich einmal gelesen, Gott habe uns nur Engel gesandt. Gerade als ich am Tiefpunkt meines Lebens angelangt war, hilflos strampelnd wie ein auf den Rücken geworfener Käfer, traten sie an meine Seite und verschafften mir wieder Boden unter den Füßen.

Die beiden kannte ich schon länger aber nun nahmen sie eine wahrlich engelhafte Rolle ein. Vor ihnen meine Lage zu verbergen, ließen sie nicht lange zu. Sie beschwerten sich nie über mein Jammern und blieben an meiner Seite, tröstend, verständnisvoll, unterstützend. Sie nahmen mich in den Arm und halfen, wo und wie sie nur konnten. Es ist ein göttliches Geschenk, solche Freunde zu haben und noch am Ende aller Ewigkeiten wird meine Dankbarkeit nicht auch nur eine Sekunde nachgelassen haben. *Liebe Johanna, lieber Martin, dessen könnt ihr euch ganz sicher sein!* Nicht nur dass sie zum richtigen Zeitpunkt als Retter in höchster Not erschienen. Durch sie fand ich zu weiteren wunderbaren liebenswerten, einfühlsamen und hilfsbereiten Menschen. Viele von ihnen sind heute noch meine Freunde.

Diese Zusammentreffen sollten sich noch als Heraufdämmern einer ganz neuen Dimension an Lebensqualität herausstellen. Auf das Phänomen von Positiv-Kreisläufen komme ich später noch.

### Asphalttherapie

Mir blieb damals keinen andere Lösung, als vor der über mich hereingebrochenen Katastrophe, so gut es ging, die Augen zu verschließen, um unter Aufwendung meiner letzten noch verfügbaren Kräfte den Neustart als Kurierfahrer stemmen zu können, obwohl diese Herausforderung im Vergleich zu meinen vorherigen Jobs geradezu Pipifax war.

Anfangs war mir die neue Arbeit direkt peinlich. Ich, der es gewohnt war, im feinen Zwirn vom Einkaufsleiter, dem Firmeninhaber oder Bürgermeister aufgrund vorheriger Terminvereinbarungen empfangen zu werden, klingelte jetzt in durchgesessenen Cargohosen am Wareneingang, wo die Begrüßung in Wort und Ton zuerst einmal gewohnheitsbedürftig ausfiel: „Was willst?",

Aber als Kurierfahrer permanent unterwegs zu sein hatte durchaus auch seine Vorteile. So ergab sich die unerwartete Gelegenheit, meinem inneren Drama freien Lauf zu lassen, konnte schimpfen und zetern über alles und alle: Denen ich die Schuld in die Schuhe schieben zu müssen glaubte, über Gott, warum er mir ein solches Schicksal aufbürdete oder verzweifelt und voller Vorwürfe mir selbst gegenüber ob meines eigenen „Versagens".

Mit einem entsprechenden Auftrag in der Tasche auf der Autobahn dem ganzen Horror für ein paar Stunden entfliehen zu können, wirkte auch mal befreiend. Zumindest konnte ich ungestört dem inneren Toben nachgeben und für eine Weile Druck ablassen. Und dabei verdiente ich auch noch Geld, war es auch noch so bescheiden.

Ich fuhr nicht nur in der Stadt herum. Teilweise lagen die Lieferziele weit entfernt. Einer meiner ersten Aufträge führte mich nach Nordengland. Zuerst war ich geschockt. Woher sollte ich das Geld nehmen, das ich für drei Tage Unterwegssein brauchte, zum Tanken, für die Fähre, die Maut, und essen sollte man ja auch noch etwas. Geschlafen habe ich im Auto. Jemand lieh mir einen Tausender. Spätestens an der französischen Grenze realisierte ich, welche Chance sich mir damit eröffnete, denn so blieb mir viel Zeit für „Innenarbeit".

Über die Jahre fuhr ich nach Salzgitter, Graz, Bremen, Turin, Budapest oder Paris. Ob ich wollte oder nicht, diese langen Touren wurden zu einer Art Therapie für mich. Dann verwandelten sich die Autositze in eine Psychocouch oder ich machte aus meinem Kleintransporter einen mobilen Tempel. Zumindest versuchte ich es, indem ich mir flehentlich vorstellte, irgendein allwissendes mitfühlendes Wesen möge so gnädig sein und neben mir sitzen und Zwiesprache mit mir halten oder wenigstens meine Hand.

Ich strandete an unzähligen Autobahnraststätten. Eines ihrer speziellen Merkmale ist ihre Anonymität. Ohne befürchten zu müssen, man könnte mir den abgestürzten und zerrupften Adler ansehen, als den ich mich fühlte, konnte ich innehalten, die einsamen Ritte über die endlosen Asphaltbahnen unterbrechen und mich den schwer erträglichen Tatsachen stellen, die mich herumjagten oder bei einer Tasse Kaffee vor ihnen wegtauchen. Bei welcher Arbeit wäre das sonst möglich gewesen? Das Kurierfahren war nicht der schlechteste Job in meiner damaligen Lage.

Autobahnraststätten sind soziale Kurzzeitbrennpunkte. Ununterbrochen haben dort spontane Szenerien ihren Auftritt, wie auf einer Theaterbühne, die nie Pause hat. Nicht einmal nachts. Kein Drehbuch könnte solche Darbietungen übertreffen. Mal skurril und manchmal beängstigend. Mal werden zwischen den LKWs Eier gekocht oder Kebabs gebraten, und manchmal flogen die Fäuste, wenn sie sich um Parkplätze stritten. Oft fand ich alles verstörend. Die sichtbare Einsamkeit der traurig und erschöpft dreinschauenden Fernfahrer erinnerten mich daran, dass ich mich nicht ganz unbegründet als Schicksalsgenosse von ihnen fühlen musste. Allein schon deshalb konnte ich mir die Beobachtung nicht ersparen, wie ganze Heerscharen von Lkw-Fahrern tagtäglich einem zermürbenden Überlebenskampf ausgeliefert sind, abzulesen an ihren zerfurchten, aschfahlen und ausdruckslosen Gesichtern.

Auch wenn oder gerade, weil mir meine damalige Lage aussichtslos erschien, kam ich manchmal auf eigentümliche Gedanken. Zum Beispiel quasi zu beschließen, dass es Gott egal sein müsste, wenn ich gerade mit 140 km/h über die Autobahn brettere und es für selbstverständlich halte, dass er „mitfliegt" und mein Gezeter geduldig erhört. Meine Verzweiflung, meine Wut, auch meinen ungehörigen lauten Tonfall würde er sich von mir bieten lassen (müssen). Sicher würde er es auch hinnehmen, wenn es hier und da nach Schweinshaxe und Ketchup und kalter Zigarettenasche muffelt.

Wie oft kam ich mitten in der Nacht nach Hause, auch mal erst nach zwei, drei Tagen mit ein paar tausend Kilometern in den Knochen, zu erschöpft, um nicht einschlafen zu können und das war gut so, denn die quälend schlaflosen Nächte fürchtete ich wie der Teufel das Weihwasser.

In diesen langen Jahren „Asphalttherapie" erschloss sich mir etwas ganz Entscheidendes:

*Auch wenn man schreit und weint, vor Verzweiflung die Würde zu verlieren glaubt:*

*Tränen zu einer Heiligen Instanz geweint brauchen keine gottesfürchtigen Zeremonien, um erhört zu werden.*

*Befreit und doch gefangen*

2001. Sieben Jahre und eine geschätzte dreiviertel Million lichtlose Kilometer war ich nun schon auf Europas Straßen unterwegs, ohne dass sich etwas an meiner Schuldensituation geändert hätte. Dann nahm eine atemberaubende Entwicklung ihren Lauf, die mich an Wunder glauben ließ: Meine kompletten Schulden wurden aufgelöst!

Ein sehr guter Freund erlebte meine Krise von Anfang an mit, bis er eines Tages zu mir sagte, er könne das mit mir nicht mehr mitansehen. Was ich denn bräuchte, damit es endlich vorwärts gehe mit mir. Meine Denkfähigkeit war damals dermaßen blockiert, dass ich als Antwort gerade noch hervorbrachte, einen Anwalt zu brauchen, der ganz genau wisse, was in meiner Lage zu tun sei.

Zwei Telefonate, zwei Besuche in Anwaltskanzleien, und die Dinge nahmen ihren Lauf. Später sollte ich dies den Beginn meiner wundersamen Leichtigkeit nennen. Aber noch war es nicht so weit.

Jedenfalls gelang es einem dieser Anwälte, meine kompletten Schulden durch einen Vergleich im Rahmen eines Insolvenzverfahrens aufzulösen. Null, aus, keine Forderungen mehr, keine Gläubiger, kein Gerichtsvollzieher mehr. Ende des Horrors. Die unfassbar großzügige Hilfe meiner Familie und meiner Freunde machten es möglich.

Den dunklen Tunnel hinter mir zu wissen – die Befreiung und Erlösung eines nicht enden wollenden langen Kriechens durch eine dunkle Unterwelt, das Wiedererlangen des im Unerreichbaren verborgen geglaubten Lichtstreifens, wurden Wirklichkeit.

Eine gewaltige Erleichterung! Ganze Berge polterten von meinen Schultern. Ich fühlte mich wie der Sintflut entkommen. Doch Freudengesänge, Bocksprünge vor Begeisterung oder ausgelassenes Feiern gab es nicht. Mir war nicht nach Champagner.

Die Heilung seelischer Narben kann manchmal länger dauern als nach einer chirurgischen Operation. Die Spuren der Vergangenheit verschwinden nicht einfach von einem Moment zum anderen. Ich fühlte mich immer noch voller Schuld, voller Ängste und trotz dieses überaus positiven Resultats noch oft genug tief deprimiert. Von dieser Art sind seelische Narben.

Schon längst hatte ich keine Ersparnisse mehr. Ich lebte nur noch von Monat zu Monat, sogar oft von Tag zu Tag, wenn mal wieder zu wenig Geld übrigblieb. Für einen Neubeginn in einer gut bezahlten Tätigkeit fehlten mir alle Voraussetzungen: Die Energie, das Selbstvertrauen, die seelische Balance.

Das Gefühl des Ausgeliefert-Seins hielt noch immer an. Hinnehmen zu müssen, dass die Mühsal der bleischweren Stimmungen immer noch nicht überstanden war, machte mich manchmal fast wahnsinnig.

*Schaffe ich den Neubeginn überhaupt noch? Geht der ganze Wahnsinn wieder von vorne los? Ist ein Leben am Abgrund mein Schicksal?*

Gedanken wie diese klebten an mir wie Pech und Schwefel. Tatsächlich fühlte ich mich wegen meiner Schuldgefühle manchmal wie geteert und gefedert. Der sprichwörtliche Kampf gegen Windmühlenflügel setzte sich fort. Erschwerend kam hinzu, dass ich mich undankbar fühlte, hatte ich doch so viel Hilfe erhalten und schon so viel Hässliches überwunden.

*Wo ist das Ende des Tunnels ...?*

Ich kam nicht an gegen die Angstmacher, die mir einreden wollten:

*Das ist nun mal dein Leben! Das hört nie auf! Du hast dir das selbst so eingebrockt! Du hast zu viel gewollt. Das stand dir nicht zu. Nun hast du den Salat.*

Ein Fight gegen Dämonen.

Die wundersame Leichtigkeit war noch meilenweit entfernt, obwohl sie schon zum Greifen nahe schien nach der Auflösung meiner Schulden. Die Fragen, die sich mir penetrant aufdrängten, quälten mich und ich hatte die Antworten einfach nicht und das Wort Schicksal machte mir Angst. Dieser Zustand des Gerade-noch-Überlebens hielt noch Jahre an.

*Gott, wo bist du?*

An einem Oktobertag 2003 hatte ich wieder einmal reichlich genug und schrieb in mein Tagebuch, halb für mich selbst aber auch hoffend, ein höheres Irgendetwas würde einen Funken davon mitbekommen:

*"Ich habe die Nase voll davon, wie unendlich und schmerzlich zäh mein Leben abläuft. Habe das ewige Warten auf bessere Zeiten, auf Erfüllung von Wünschen, auf Hoffnungen, die sich nicht erfüllen, satt. Meine vergeblichen Aufrufe an eine irgendwie geartete Hohe Kraft, sie möge doch den gordischen Knoten in meinem verkorkstes Leben durchtrennen, enden vom einen zum anderen mal in Enttäuschung und das frustriert gewaltig. Plagegeister wie `Die Angst hat dich im Würgegriff, gegen die kommst du nicht an`, sollen die zum Daueralptraum werden? Mir gelingt es einfach nicht, diese Angst auszureißen wie ein Unkraut samt Wurzel. Wie ein narkotisierender Nebel hängt sie über meinem Alltag und*

*lähmt, was es für eine Wende bräuchte: Energie,*
*Disziplin, Klarheit, Mut, Unterscheidungsvermögen,*
*Courage, Power, Begeisterungsfähigkeit, Kreativität.*
*Auf diese Eigenschaften war ich einmal stolz und*
*dass die mir völlig abhanden gekommen sind, macht*
*mich ganz fertig. Die übermächtigen „Dämonen", die*
*immer noch mehr aus mir herausquetschen wollen,*
*wo doch schon lange nichts mehr da ist, wieso ver-*
*jagst du sie nicht? Ich bewege mich schon wieder auf*
*ein finanzielles Chaos zu. Das Ende der Tortur ist*
*wieder einmal nicht abzusehen ".*

Wenn man nicht sehr wach ist, löst Frust immer
neuen Frust aus und entwickelt sich schneller als
man es registriert, zum Drama und das braut irgendwann ein gefährliches Gift zusammen, weil es
immer neue Ängste gebiert. Hoffnungen, Erwartungen besserer Zeiten, die sich, wie bei mir, bereits in Startposition befanden, werden wieder
niedergerungen. Das ersehnte Durchstarten nach
Irgendwo, dorthin, wo die Leichtigkeit warten sollte, drohte ersetzt zu werden durch ein bohrendes:
*Wie lange denn noch?*

Wiederholt rüttelten Selbstvorwürfe an meiner
Magengrube. Die alten Höllenszenen lebten wieder
auf. Nach der erreichten Schuldenbefreiung erlebte
ich diesen Zustand erneut als Niederlage. Mir diese
eingestehen zu müssen, beförderte wieder das
ganze Grauen hervor, das ich überwunden glaubte.

Ich sah keine Alternative mehr. Das Ende der Sackgasse war erreicht. Wusste buchstäblich nicht
mehr, was ich tun sollte. Fühlte mich wie in Ketten
gelegt. Das Einzige was einem bleibt in dieser Lage
ist, sich an das Beten zu erinnern. Das tat ich.

Wie an einem Rettungsring klammerte ich mich an Gedanken wie:

*Den entscheidenden Schritt, um dem ganzen Schlamassel zu entkommen, hast du doch schon gemeistert*! *Also wirst du auch weitere Wege finden. Bloß keine Resignation mehr!*

Es muss ein Phänomen des menschlichen Geistes sein, dass selbst in Zeiten drohender Niederlagen die Erinnerung an den Matchball weiterlebt. Das hat der Sport dem Leben abgeguckt. Gottseidank funktionierte das auch bei mir damals. Irgendwie realisierte ich, dass es fatale Folgen gehabt hätte, in diesem brüchigen Zustand aufzugeben. Möglicherweise hätte es meinen Untergang besiegelt, das fühlte ich intuitiv. Mir verblieb zwar kaum ein Funken an Klarheit und Energie, um halbwegs logisch folgern zu können. Aber irgend eine Energie schob mich an.

Ich erlaubte mir Naivität; ich erlaubte mir einen unartigen Ton; ich erlaubte mir auch weinerliches Gejammer, wenn mir danach war. Mit wem, wo oder wie kann ich das denn sonst, ohne mich zu blamieren. Also blaffte ich in Richtung „Oben":

*Es muss doch irgendeine Erklärung geben für mein Desaster! Sag es mir! Warum lerne ich nichts aus meinen Erfahrungen? Wo habe ich in meinem Leben die Weichen falsch gestellt? Warum bin ich in so viel Schmerz verwickelt? Wohin ist meine sprühende Begeisterungsfähigkeit entschwunden? Ist das unausweichlich mein Leben? Und das alles trotz der unzähligen Gebete?*

Händeringendes Ersehnen von Antworten! Schicksal! Wie ich diesen Quetschgedanken verabscheute. Schicksal klingt theatralisch, hat etwas von Schwere und Ausgeliefertsein. Ich drängte den lästigen inneren Redner weg. Er schob sich aufdringlich wieder in den Vordergrund. Ein Gedankenkarussell, das Kräfte vernichtet. Ich hätte so gerne wieder mit eigener Hand angepackt, aus einer Kraft, die aus mir selbst kommt. Und endlich, endlich wollte ich nicht mehr irgendwelchen lähmenden Zuständen ausgeliefert, nicht mehr auf fremde Hilfe angewiesen sein. Das hatte ich doch schon bis zum Erbrechen!

Druck und Angst, Trauer und bittere Enttäuschung – eine bitterere Mixtur. Medizin schmeckt halt manchmal bitter.

## Die unversiegbare Quelle

Die Quelle flüsterte: *Wenn du dich nicht damit abfinden willst, dass es ewig so weitergehen soll, dann musst du dich zum Blick in dein Inneres durchringen.*

Die Mixtur schien zu stimmen. Sie förderte ein Erkennen in mir zutage, das nicht hoch genug bewertet werden kann.

> *Es gibt in uns so etwas wie eine unversiegbare Quelle der Zuversicht.*

Ja, sie kann zuweilen zum Rinnsal verkommen, ganz verloren ist sie nie! Ich nahm sie wahr als stille aktivierende Energie. Berührten mich wie leichte Schubser von Unbekannt. Aus heutiger Sicht verleihe ich diesen zarten Anstößen allergrößte Bedeutung, gleich einem Wink aus dem Jenseits. In jedem von uns schlummert diese Quelle der Zuversicht irgendwo in unseren Bewusstseinsschichten. Sobald seine Funkwellen bei uns ankommen, gilt es, sofort zuzupacken und sie nicht mehr loszulassen, denn die Gefahr, dass sie sich wieder verflüchtigen, besteht! Das verhindern wir, indem wir höchst wachsam und entschlossen sind.

Mich rüttelten sie auf, appellierten an mich: Gib nicht auf! Dieser Apell bewirkte immerhin, dass ich mich nicht damit abfinden wollte und konnte, dass es ewig so weitergehen soll. (Diesen Sender kann man sich übrigens aktiv erschließen. Darüber später mehr).

Diese gesegnete Quelle sollte mein innerer Führer werden.

Ich hatte noch keinen Namen für sie, doch sie löste *die* Weichenstellung aus, die mein komplettes künftiges Leben auf den Kopf stellen sollte. Mit Hilfe ihrer geheimnisvollen Kraft gelang es mir, mich ab sofort bereit zu erklären zur schonungslosen Konfrontation mit mir selbst, was einer Einwilligung zur aktiven und bewussten Selbsterforschung gleichkam.

Entschlossen vor den Spiegel zu treten, meinem Dilemma ins Antlitz zu sehen und ihm nicht mehr auszuweichen war eine Entscheidung mit enormer Tragweite. Sie bedeutete nichts weniger, als mich dem großen Unbekannten zu stellen, wer oder was immer es sei, anders ausgedrückt, mich meinem

Leben zu stellen. Eine Entscheidung, die mich zu einer ganz und gar überraschenden Erkenntnis führte:

*Ausweglosigkeit generiert Auswege. Infolgedessen gibt es gar keine Ausweglosigkeit!*

Allerdings: Auswege gleichen oft Neuanfängen und die führen zu neuen Herausforderungen. Es kam wie es kommen musste: Beim forschen Blick nach innen taten sich neue Abgründe auf.

## Der Blick in den Spiegel

Da stand ich nun, im Angesicht mit meinem eigenen Entschluss. Es dauerte nicht lange, bis mich das beunruhigende Gefühl einholte, ich könne heillos überfordert sein, wenn ich mich Hals über Kopf in die Innenforschung stürze. Und tatsächlich, kaum dass ich zaghaft damit begonnen hatte, sah ich mich einer Wucht gegenüber, die mir wohl diese Vorahnung verschafft hatte, deren Tragweite ich allerdings nicht absehen konnte.

Zuerst fast unmerklich und ohne es gleich als Alarmzeichen zu erkennen schlich sich eine nervöse Beklommenheit ein. Ihre Ursache blieb im Verschwommenen. Auch auf Dauer wollte der Spuk nicht verschwinden. Er pinnte sich wie ein Video in Dauerschleife in mein Innenleben. Der Film entsprach nicht gerade einem Kindergeburtstag. Ein mächtiges Bündel voller Ängste glotzte mich an!

Ängste können sich mächtig in Szene setzen, sich tief in uns hineinfressen und zuweilen treten sie mit ganz fiesen Methoden in Aktion. Trotzdem, mich meiner Angstrealität zu stellen, war unwiderruflich. Ich selbst hatte mir den Befehl dazu erteilt. Wie könnte ich noch reinen Gewissens in den Spiegel schauen, würde ich die Flucht ergreifen, kaum dass ich damit begonnen hätte!

Der erste Schritt war, zu akzeptieren, dass Ängste in einem erschreckenden Ausmaß Besitz von mir ergriffen hatten, bedingt durch welche Ursachen auch immer und so einige drängten sich ja auf.

Hinschauen zwingt die Wahrheit ans Licht: Was mich lähmt, sind Ängste. Was mich zum Verdrängen veranlasst, sind Ängste. Was mich deprimiert, sind Ängste. Was meine Kreativität unterdrückt, sind Ängste. Was Motivation verhindert, sind Ängste. Ängste zerstören Mut und Courage. Sie sind die Urheber der Dramen und der Teufelskreise. Ängste machen Angst.

Bei jedem Verdrängungsversuch blickte mir meine Wahrheit streng ins Gesicht:

*Du weichst dem entlarvenden Blick in die Abgründe jetzt nicht wieder aus! Du bist dir darüber im Klaren, dass Verdrängen deiner Lage nicht mehr förderlich ist.*

Diese Beförderung meiner Ängste an die Oberfläche führten anfänglich zu einer herben Ernüchterung. Klar, Ängste existierten in meinem Leben, so wie bei jedem. Meist empfand ich sie für nicht einschneidend genug, um ihnen Beachtung zu schenken. Doch dass Ängste meinen Alltag dirigierten und mich schmerzhaft wie einen Ochsen am Nasenring durchs Leben zerrten, einer solch mächtigen Angst-Verseuchung war ich mir nicht bewusst. Solche speziellen Kategorien von Wahrheiten versteckt man nur allzu gerne hinter Schuldzuweisungen, Ausflüchten oder Sprücheklopferei, um Fehlentscheidungen, Misserfolg, Ignoranz usw. zu rechtfertigen.

So wurde mir gerade nichts Geringeres bewusst, als dass mir eines der Schlüsselthemen des Lebens um die Ohren flog: Die Angst.

## Variationen der Angst

Mich meinen Ängsten zu stellen war naturgemäß alles andere als einfach. Aber: Im Laufe dieses Prozesses begann ich zu begreifen, dass, wenn ich mich der Angst stelle, ich zwar in einen Abgrund blicke, aber auch ein Mysterium berühre. Darüber mehr in den späteren Kapiteln. Zunächst galt es, den Fight gegen die Ängste mit allen Konsequenzen aufzunehmen. Das ist leichter gesagt als getan, denn ab dem Moment, in dem man sich den Angstthemen stellt, gibt man ihnen einen Namen, und das erweckt sie erst recht zum Leben, was ich ganz schnell am eigenen Leib erfuhr. Je tiefer ich mich an sie heranwagte, umso konfuser wurde es angesichts der diversen Namen. Ich hatte zu realisieren, dass Ängste in den unterschiedlichsten Variationen auftreten und ich anscheinend keine davon ausließ. Ich beschränke mich hier auf die, die am deutlichsten zu Tage traten und mich am meisten plagten. Die bedrohlichste unter denen: Die Depression.

Ängste und speziell Depressionen können zerstörerisch auftreten. Lässt man es zu, dass sie sich in einem festbeißen, können sie sich zu unheilschwangeren Monsterwellen auftürmen. Zu der Zeit lief ich ständig mit einem Kloß im Hals herum und es kam auch vor, dass mir ohne erkennbaren Grund die Tränen übers Gesicht liefen. Gefühlsmomente, sentimentale Momente hielt ich zu der Zeit nicht aus. Geringste Anlässe reichten aus, um ein heulendes Elend aus mir zu machen. Ich war zu der Zeit kaum zu gebrauchen. Positive und negative Stimmungen warfen sich andauernd gegenseitig über den Haufen. Die daraus resultierende Verwirrung schmerzte wie Nadelstiche. Entschiedenheit und Verzweiflung, Mut und Mutlosigkeit, Vertrauen und Verlust an Selbstwertgefühl brauten ein Gefühlschaos in mir zusammen und mir war meist unmöglich, die einzelnen Zustände zu sortieren. Ich war kaum mehr leistungsfähig.

Dann musste ich mir eingestehen: Die Wunden der Vergangenheit steckten tiefer, als mir bis dahin bewusst war. Auch wenn dieses Eingeständnis gleichzeitig als ein erster Erfolg bei meiner Suche nach mir selbst einzustufen war, angesichts meiner derzeitigen Erfahrungen schwante mir nichts Gutes.

Meine latente Befürchtung bestätigte sich. Ich steckte in einer handfesten Depression! Was tun? Hilfe suchen? Wo? Bei wem? Der Anruf bei einem befreundeten Heilpraktiker bestätigte nach einer ausführlichen Anamnese meine Befürchtung.

Dass mir eine Depression diagnostiziert wurde, machte mich überraschenderweise eher mutiger als noch verzagter. Ein Abgleiten meiner Stimmungen in eine neue Abwärtsspirale fand entgegen meiner Befürchtung nicht statt. Vielleicht dachte ich auch, dass man tiefer nicht mehr fallen könne. Aber da war noch etwas anderes. Wieder war es dieses unerklärliche Auftauchen einer Energie, gleichermaßen das Sinnbild einer helfenden Hand, die wieder im Spiel war und es mir ermöglichte, mich auch diesem Ableger der Angst, der Depression entgegenzustellen.

Da war sie wieder, diese Quelle der Zuversicht: *Ausweglosigkeit generiert Auswege!*

Als ob die Auseinandersetzung mit meiner Depression mich nicht schon genug gefordert hätte, blickte mir eine zweite Angstvariante ins Gesicht: Das Inneres Drama. Ich ertappte mich bei einem Verhalten, das mir bis dahin gar nicht bewußt, mir nun aber reichlich peinlich war: Ich tat mir selber leid. Machte mir Selbstvorwürfe. Ich geißelte mich als Verlierer und Jammerlappen, der nichts auf die Reihe bekommt und nicht Manns genug ist, sich selbst aus dem Sumpf zu ziehen. Auf eine verdeckt zwanghafte Art gefiel ich mir auch noch in der Rolle des Bemitleidenswerten. Offensichtlich hatte ein inneres Drama zu spielen begonnen. Dass ich meine Rolle darin manchmal auch noch als Hilferuf missbrauchte, muss ich selbst als Gipfel der Peinlichkeit anprangern. Diese Schmach will ich der Wahrheit willen eingestehen. Möge mein Eingeständnis jemandem hilfreich sein bei der Suche nach seiner eigenen Wahrheit.

Bei dieser Gelegenheit möchte ich dazu ermuntern, Situationen, die wir als peinlich empfinden, nicht allzu schwer zu gewichten. Ich kenne niemanden, der noch nie in einen Fettnapf getreten ist. Es ist einfach menschlich. Und sollte die Geschichte in der Vergangenheit liegen, belassen wir sie tunlichst dort. Vorbei, nicht mehr existent, nicht mehr gültig, „wie ein längst eingelöster Scheck" (Amma). Sich jetzt noch darüber zu ärgern, hieße, uns völlig unnütz die Gegenwart zu verderben!

So weit, so gut, die Aufdeckung meiner eigenen Peinlichkeit war mir zunächst mächtig – peinlich. Das sollte mir nicht mehr passieren! Heute erinnere ich mich mit Schaudern an mein damaliges Verhalten. Längst gewöhnte ich mir an, mich regelmäßig auf Drama-Tendenzen zu überprüfen und das praktiziere ich heute noch so.

Nachdem es mir später gelang, meine Erfahrungen mit der Auseinandersetzung mit Ängsten aus der Distanz zu betrachten, wurde mir klar, welch wertvolles Faustpfand ich in meinen Händen hielt: Mut wird belohnt. So schwer es mir fiel, zu akzeptieren, dass ich voller Ängste steckte, zeigte sich die positive Kehrseite, sobald ich der Angst nicht mehr auswich.

Ich nannte sie die geheimnisvolle Quelle der Zuversicht.

Und da gab es noch einen weiteren Grund, mich meinen Ängsten zu stellen: Es mag schwer nachvollziehbar sein, aber nach dieser langen freudlosen und deprimierenden Zeitspanne sehnte ich mich nach meiner eigenen Wahrheit, nach Aufdeckung und Beseitigung der vergrabenen Blockaden meines Glückes!

Ja, die Forschung nach der eigenen Wahrheit gleicht einem Hindernislauf und erfordert Mut zum Hinschauen. Dass Mut belohnt wird, mag abgedroschen klingen, für mich damals glich diese Erkenntnis einem Gongschlag.

## II. Begegnung mit weiser Mütterlichkeit

*'Die Welt umarmen'.*
*Versuch, das Unbeschreibliche*
*zu beschreiben*

Ich habe keinen Schimmer, wie sie das anstellte: Seit ich Amma 1994 zum ersten Mal begegnete, nahm sie eine immer zentralere Rolle in meinem Leben ein. Ich werde daher kurz versuchen zu beschreiben, was nicht zu beschreiben ist, außer, dass sie in der ganzen Welt der Einfachheit halber Amma (Mutter) genannt wird und mit ihrem Namen auch das globale Hilfswerk „Embracing the World" (Die Welt umarmen) verbunden ist, einem Benefizwerk mit enormer Dimension.

Mata Amritanandamayi, so ihr kompletter Name, ist Inderin. Von klein auf verhielt sie sich ungewöhnlich, was in ihrem Fischerdorf Unruhe hervorrief. Amma ließ sich von nichts und niemandem davon abhalten, zu sein, wie sie es für angebracht hielt. Bemerkte sie beispielsweise, dass ihre Nachbarn, durchweg sehr arme Fischerfamilien, nicht genug zu essen hatten, brachte sie ihnen Nahrungsmittel einfach von zu Hause mit. Sie stibitzte zuhause auch mal Gegenstände wie Schmuck von ihrer Mutter, um mit dem Erlös den Armen das Nötigste zu kaufen. Auch durch den zwangsläufig ausgelösten Ärger ließ sie sich nicht von ihrem tiefen Mitgefühl abbringen. Um Amma ranken sich unzählige Geschichten, die uns staunen lassen. Mal sind es ihre im wahrsten Sinne des Wortes berührenden „Darshans", bei denen sie jede Person, die es wünscht, in einem kurzen Umarmungsritual persönlich empfängt, nicht selten viele tausend in einer „Sitzung", was zehn, zwölf und mehr Stunden dauern kann, ohne dass sie einmal aufsteht oder etwas zu sich nimmt. Ihre dabei nie versiegende strahlende, liebende, fürsorgliche Anteilnahme lässt Amma ohne Beachtung von Stand oder Herkunft allen zukommen, die eine Begegnung mit ihr wünschen. Bis zur allerletzten Person in der Warteschlange verschenkt sie ihre überirdische Menschenliebe. Genau so erstaunt uns Amma, wenn sie es sich nicht nehmen lässt, auch für derbsten Arbeiten in sengender Sonne selbst mit anzupacken.

Nicht zu vergessen die zahllosen Berichte von Menschen, die mit ihren Problemen zu Amma kamen und zumindest getröstet, mit von Amma eigenhändig getrockneten Tränen oder gar von ihren Sorgen befreit nach Hause zurückkehrten. Und wie oft waren und sind das schlimme Schicksale.

Keinen Augenblick ist sich Amma zu schade, sich die Sorgen ihrer Kinder, wie sie uns alle nennt, anzuhören. Ihre gesamte Existenz scheint einzig und allein auf Mitfühlen und Helfen ausgerichtet zu sein. Aus dieser Haltung heraus entstand das Hilfswerk „Embracing the World". Hilfen für Erdbeben- und Tsunamiopfer, Waisenhäuser, Schulen, Hochschulen, Krankenhäuser, in denen die Mittellosen kostenlos behandelt werden, gehören ebenso zu ihrem Hilfsprojekt wie Renten für verwitweten Frauen, die sonst völliger Armut ausgeliefert wären, oder Unterstützung für Frauen beim Aufbau kleiner selbständiger Existenzen. Eine Maßnahme, deren Bedeutung hierzulande kaum einzuschätzen ist angesichts der lebensbedrohenden Not, in die Frauen in Indien sehr oft unverschuldet geraten.

An dieser Stelle kann das Hilfswerk bei weitem nicht vollständig beschrieben werden. Alle ihre Hilfsprojekte entfalten nachhaltige Wirkungen in der indischen Gesellschaft, aber auch anderswo. Das veranschaulicht besonders ein Projekt: Amma baut zigtausende einfache doch stabil gemauerte Häuser, um Slumbewohnern zu einem würdigen Zuhause zu verhelfen. Aber ist nicht genug gesagt, wenn wir Amma die Inkarnation des Mitgefühls nennen? Wo immer sie Menschen in Not sieht, ist sie zur Stelle und hilft. Sie hilft – wie mir - ganz selbstverständlich und ohne jede Bedingung.

Mir warf sie den Rettungsring zu, der mein seelisches Ertrinken verhinderte. Sie bot meinen Depressionen und den zerstörerischen Zweifeln die Stirn. Sie brachte mich mit den Menschen zusammen, die mir ihre Hilfe anboten, in welcher Weise auch immer. Ihre Worte, ihre Handlungen entspringen, soweit ich das begreifen kann, reiner Weisheit und das ist gleichbedeutend mit reiner

Liebe. Ammas Umarmung berührt das Innere eines jeden Besuchers, ob er es wahrnimmt oder nicht.

Mir bleibt nichts anderes übrig, als anzuerkennen, dass die dramatische Wende in meinem Leben irgendwie mit dem bedingungslosen und weisheitsvollen Mitfühlen Ammas zusammenhängt, das mich seit meiner Begegnung mit ihr begleitet.

Amma erwartet keine Dankbarkeit. Sie gibt einfach unentwegt und sie sagt dazu, zu geben sei einfach ihre Natur. Mir erscheint Ammas unermüdliches Wirken wie das Einläuten einer neuen Zeitrechnung.

*Vorzeichen*

Zusammen mit Freunden hatte ich Jahre zuvor meditieren gelernt. Ihnen ging es wie mir. Zuerst folgten wir neugierig und diszipliniert dem neu eingeschlagenen Weg und meditierten fleißig. Im Laufe der Zeit ließ unsere Überzeugung, ob die erlernte Methode einer dauerhaft belastbaren spirituellen Orientierung entsprach, nach und veranlasste uns weiter zu suchen. Die anderen waren schneller oder soll ich sagen, mutiger als ich. Schon 1993 erzählten sie mir erstaunliche Geschichten über eine spirituelle Lehrerin aus Indien.

An einem schwülen Sommertag 1994 fragten sie mich, ob ich ihr nicht begegnen wolle, sie wäre in München und sie wären auch dort und würden bei der Veranstaltung mithelfen. Mit einer Portion

Skepsis ging ich zum Veranstaltungsort. Als ich den sah, eine Bierhalle in einer nicht gerade vertrauenserweckenden Ecke mitten im Stadtzentrum, wuchs mein Argwohn. Eine Inderin, von der man sagte, sie sei eine Weise, eine Meisterin. In einer Bierhalle? Vom Nachbarsaal tönte bierselige Blasmusik herüber und hier brummte man Om und Mantren, oder was ich für solche hielt, vor sich hin. Eine schwer erträgliche Mischung, die für mich zusammenpasste wie Gurken zu Pudding – oder eben Bier und Spiritualität. Mir schwirrte der Kopf und ich hatte leise Bedenken, ob meine Freunde genau wussten, was sie taten.

Drinnen im Saal fühlte ich mich von Anfang an verloren. Die teils weiß und gelb gekleideten Anhänger der geheimnisvollen Frau auf der Bühne verstärkten meine Skepsis. Oh Gott, dachte ich, wo bin ich denn jetzt reingeraten? Nur um meine Freunde nicht zu enttäuschen, blieb ich.

Amma empfängt also jede Person, die es wünscht, und sie tut dies mit einer Umarmung, die man Darshan nennt, erfuhr ich. Nebenher gab es indische Musik und Gesang. Fremdartig, eigentlich auch abgehoben, unwirklich kam mir das alles vor. Mir ging es zu der Zeit dreckig und ich fühlte mich sowieso schon reichlich verloren und als meine Freunde mich drängten, mich in die Warteschlange einzureihen, war mir das auch schon egal und ich ließ mich überreden.

## Handzeichen

Da man mich wissen ließ, Amma könne man Fragen stellen, hatte ich einen Zettel bei mir, auf dem die Frage aller Fragen in meiner damaligen Not stand: *"Amma, was ist mit meinem Leben los, unter mir bricht alles zusammen, was soll ich denn tun?"* Dann konnte ich mich nicht mehr zurückhalten. Ich weinte bittere Tränen in Ammas Armen.

Amma sah mich an mit einer Direktheit, einer derart überwältigenden Präsenz, als ob es in diesem Moment nur uns beide auf der Welt gegeben hätte. Ihr Blick aus ihren großen, dunklen Augen, ihr ganzer Ausdruck schien einzig aus Hinwendung zu mir zu bestehen, erfüllt von nichts als Fühlen mit mir. In meinem ganzen Leben hatte ich noch nie so tiefes und bedingungsloses Verstehen von irgendjemandem erfahren wie in diesem Augenblick und mir schien nicht nur, nein ich fühlte in diesem magischen Moment, diese Amma versteht mich bis in meine tiefsten Tiefen. Sie sagte mir: "Oh ja, deine Sterne stehen im Moment nicht so gut, aber mach dir keine Sorgen, Amma betet für dich". Ich fand es überraschend und erstaunlich, dass ihre Methode mir zu helfen, beten war. Das hat mich sogar ernüchtert und ich dachte, dann muss es ja schlecht um mich stehen, wenn sie für mich beten muss.

Während ich mich damals verzweifelt und erschöpft durch den Alltag quälte, war die Erinnerungen an diese Begegnung mit Amma lange Zeit der einzige Anlass für eine aufsteigende, wenn auch noch von der ganzen Schwere abgedunkelten Ahnung, dass Angst nicht endgültig das Leben verderben muss, dass sie besiegbar sein könnte. Diese Augenblicke in Ammas Armen kann ich nicht umfassend beschreiben. Sie waren voller Güte und geheimnisvoll, magisch und verwirrend, tief berührend, hoffnungsvoll und vieles mehr. Die erwähnten schweren Prüfungen folgten alle noch, aber einer meiner Lebens-Marksteine war seither verankert, auch wenn mir das lange bei weitem nicht in dieser Deutlichkeit bewusst war.

Amma besuchte auch die folgenden Jahre München. Inzwischen hatte ich für ihre Veranstaltung einige Transportaufgaben und Fahrdienste übernommen. Einmal sollte ich am Flughafen eine sie begleitende Gruppe von Helfern samt Gepäck abholen und zur Veranstaltungshalle fahren. Während des Wartens in der Ankunftshalle beobachtete ich die Leute, die zahlreich zur Ammas Begrüßung gekommen waren. Viele waren in weiß gekleidet, was allein wieder Unbehagen bei mir hervorrief, aber als ich sah, wie sie sich aufgeregt in einer Weise verhielten, die mir fast schon hysterisch vorkam, kaum dass die Landung des Flugzeuges angekündigt war und diese sich noch steigerte, als Amma durch die Sperre kam, da wurde mir das zu schräg und ich verkroch mich in eine Ecke und dachte, hoffentlich ist das alles bald vorbei.

Meine Fahrgäste hatte ich bald beisammen und lotste sie Richtung Ausgang und dies tat ich zügig, denn ich wollte dieser heiklen Lage so schnell wie möglich entkommen. In meine schwirrenden Emotionen versunken eilte ich in mit den Leuten im Schlepptau Richtung Ausgang. Plötzlich fühlte ich, wie eine Hand von hinten von meinem Oberarm Richtung Ellbogen und Hand streifte, schließlich meinen kleinen Finger ergriff und ihn sanft schüttelte. Überrascht drehte ich mich um und: fand mich verblüfft im Angesicht zu Angesicht mit Amma, von ihrem direkten Blick unentrinnbar fixiert. Sie strahlte mich an mit ihren wunderschönen großen Augen, lachte wie lausbübisch und sagte etwas wie „Na? O.k.?", und noch etwas, das ich wörtlich nicht verstand, trotzdem war mir vollkommen klar, was mir Amma begleitet von ihrem warmen Lachen bedeuten wollte: "Was machst du dir denn so einen Kopf. Es ist doch alles gut"! Ich fühlte mich ertappt und gleichzeitig ging mir schlagartig ein Licht auf. Amma musste mich durchschaut, mein inneres Kopfschütteln über die Szenerie in der Ankunftshalle und mein lautloses Meckern „gehört" haben. Wusste sie womöglich noch mehr von mir? Unvorstellbar, dass sie sich noch an meine Frage von vor Jahren erinnerte bei so vielen Menschen, die sie empfängt.

Amma reist fast das ganze Jahr um die Welt, empfängt tausende von Menschen fast Tag für Tag und ausgerechnet an mich sollte sie sich erinnern in München auf dem Flughafen nach einer langen anstrengenden Reise? Ich kam ins Grübeln. Diese kleine Episode, die nur Sekunden andauerte, hat gesessen und ist unauslöschlich in mir gespeichert, gerade weil sie so vielsagend unaufdringlich über mich kam. Schon damals und mit der Zeit immer häufiger schlich sich die Frage in mein Dasein: Sollte sie, Amma, etwa das alles…?

Unerklärlich, aber erlebt. Man steht in der Welt und fragt sich, was weiß man schon? Und muss sich der Antwort stellen: Nichts.

Aber trotz oder vielleicht gerade wegen dieser eingestandenen Unbeholfenheit, solche Anekdoten zeigen sich in Zeiten innerer Not als goldener Anker. Während der Jahre andauernden Alpträume hatte die Erinnerung an diese Episode etwas von einem Beatmungsgerät, wenn ich mal wieder an meinen Zuständen zu ersticken drohte.

## III  Schritt für Schritt zur Leichtigkeit

*Die zweite Initialzündung*

*„Was er (der Unwissende) durch Weisheit nicht lernt, muss er durch Schmerz lernen"*[2]

Ich erinnere mich ganz genau an diesen Tag. Mich packte eine unerklärliche und unwiderstehliche Kraft, die mich dazu trieb, wild entschlossen und unverzüglich etwas ändern zu wollen in und mit meinem Leben. Eine Welle unbändiger Ungeduld erfasste mich, in der ich abwechselnd wütend war und überfallartig entschlossen, endlich Bewegung in meine erneut festgefahrene Lage zu bringen. Nicht später, nicht morgen, kein Abwarten, kein

---

[2] (Spalding B. T., S. Bd.2, S. 202)

Zögern mehr. Jetzt sofort musste ich damit beginnen.

Ich wohnte damals schon in einer Dachwohnung auf dem Land westlich von München in der Nähe vom Ammersee. Einem Derwisch gleich sprang ich wie in Trance blitzartig auf von meiner Couch, rannte in meinem Zimmer auf und ab, aufgewühlt von wirren, emotionsgeladenen Gedankenstürmen, um schließlich wie vom Blitz getroffen vor meinen kleinen Altar zu stürzen, geradewegs vor – GOTT!? Ja, ich stellte mir vor, ich stehe jetzt IHM gegenüber. Und ich tat es geradezu demonstrativ.

Mir war in diesem Moment so was von egal, ob es ein ER, eine SIE oder sonst was sei. Ob meine Vorstellung, wie man GOTT gegenübertritt, richtig oder angemessen sei oder ich zu wenig ehrfürchtig sei oder irgendwelche rituellen Vorschriften erfülle, unbenommen dessen, dass ich nicht die geringste Ahnung hatte, wer oder was Gott überhaupt sei. Dies alles spielte in diesem aufgeladenen Moment absolut keine Rolle. Ich wollte einzig und allein meinem Gefühlsdampf freien Lauf lassen um eine wie auch immer geartete Neuausrichtung meines chaotischen Lebens zu erzwingen, nicht mit lauter Stimme, aber mit extrem „lauten" Gedanken:

*Hallo, Du mein Guter, ich nehme jetzt mal an, dass Du da bist. Du bist doch überall und immer und in allem, also jetzt auch in meiner kleinen Dachwohnung. Im ganzen Raum, vor und hinter dem Altar. In jedem Ding, in jedem Atom. Vielleicht sitzt Du auf meiner Couch, womöglich bist Du die Couch. Was weiß ich schon von Dir? Du bist so groß, Du bist doch*

*Liebe und sonst nichts. Bist Du das? Du brauchst bestimmt keine lange formale Einführung, keine Räucherstäbchen und schon gar nicht soundso viele Beichten von mir, damit ich überhaupt vorgelassen werde zu Dir. Das hätte mir gerade noch gefehlt! Jetzt rede ich drauf los wie mir der Schnabel gewachsen ist, geht das o.k. für DICH?*

*Also, ich will, dass es so nicht mehr weitergeht. Dieses Gewusel aus Angst, Mutlosigkeit und Niedergeschlagenheit. Diese nie endende Geldknappheit. Bei allem Respekt, Du hast diesbezüglich schon eine Menge getan für mich. Ich verneige mich. Aber immer noch kann ich meine Rechnungen nicht pünktlich bezahlen. Zahle mich dumm und dämlich an Zinsen und Mahngebühren. Gerate so immer und immer wieder in diese bekannte Teufelskreis-Leier. T'schuldigung, Du kennst diese Redensart. Das erinnert schon wieder an meine bleierne Zeit. Weißt Du noch? Klar weißt Du noch. Schon wieder Angst, dass doch noch nicht alles vorbei ist, womöglich alles wieder von vorne anfängt, das halte ich nicht mehr lange aus! Wenn es eine Hölle gäbe, ich könnte Dir was aus ihr berichten. Immer wieder diese sich immer weiterdrehende Mühle, die ich so gerne einfach der Vergangenheit übergeben würde, endgültig den Punkt dahinter setzen: Vergangen, erledigt, vergessen. Das macht mir wahrlich keinen Spaß! Ich will auch mal wieder mal Spaß haben! Spaß haben, das muss doch auch in Deinem Sinne sein. Du kannst mich doch nicht allen Ernstes hier miesepetrich herumstapfen sehen wollen! Nein bitte, ich stell mir vor, wie Du Dich freust, wenn ich Spaß habe.*

*Und wenn wir schon beim Thema sind: Weißt Du eigentlich, dass ich schon seit Jahren keinen Sex* mehr hatte? Das ist doch nicht normal! Du weißt wie lange ich schon auf dem Planeten wandle. Soll ich vielleicht, wenn's dann so weit ist, abtreten von dieser Welt mit diesem Spaßdefizit durch eine von mir ganz und gar unerwünschte Enthaltsamkeit? Ich fühle mich wie ausgeschlossen von der Welt der Frauen, von Partnerschaft, Körperlichkeit, Sex, ich weiß schon bald gar nicht mehr wie das alles geht. Bei dem Gedanken, mich einem weiblichen Wesen zu nähern, treibt es mir Schweißperlen auf die Stirn – und das nach all den aufregenden Zeiten vor - wie vielen? – Jahren. Ich kann mich kaum mehr erinnern. Mich martern Abgründe voller Ängste: Kann ich das überhaupt noch? Bin ich überhaupt noch attraktiv oder gelte ich bei den Frauen nur noch als Versager? Da hast Du für uns Menschen dieses prickelnde Geschenk parat. Und ausgerechnet an mir soll der Liebesengel vorüberziehen? Das darf ja wohl nicht wahr sein! Das kannst Du nicht zulassen. Mit Verlaub, ich bin nicht einverstanden!

Heute trete ich vor Dich, sozusagen von Angesicht zu Angesicht, um Dir entschlossen mitzuteilen, dass ich dies ändern will. Ist das blasphemisch? O.k., geändert haben will. Bitte, dass es keine Missverständnisse zwischen uns gibt (sorry, Du weißt ja doch alles über mich), mir geht es nicht um eine Aneinanderreihung von One-Night-Stands. Aber Du hast die Geschlechter nun mal geschaffen, also gehört das füreinander-dasein, das Zusammenleben, die Liebe zu einer Frau, zum Leben wie die Sonne und der Mond. Oder etwa nicht? Keine Sorge, ich weiß das wohl zu unterscheiden von der universellen Liebe, oder, das wird Dir bestimmt gefallen, von der Göttliche Liebe. Ich gebe zu, ich habe nicht den geringsten Schimmer, was das ist, aber ich weiß, es muss sie geben. Sie muss unbe-

*schreiblich sein, aber mich bewegt im Moment eher der Mangel an irdischer Liebe. Kannst Du mir das nachsehen? Danke.*

*Ich versuche mich klar auszudrücken: Dies will ich: Liebe leben und das lieben. Das Leben lieben. Liebe leben. Und solltest Du mehr abstrakt als irgendwie persönlich sein: Dies rufe ich in den gesamten Kosmos, das ganze Universum soll meine vibrierende Entschlossenheit spüren und meinetwegen rot anlaufen! So kann das mit mir nicht weiter gehen! Ich möchte, dass sich mein Leben ändert! Ja, das will ich! Soll ich hinzufügen: So wahr mir Gott helfe? Bitte. Danke, dass Du mir zugehört hast.*

*DAS* hat gutgetan! Dampf ablassen nach ganz oben – da konnte man Wackersteine poltern hören, so befreiend war das!

Ein paar Wochen vergingen, dann begann alles wieder von vorn. Schon wieder Ernüchterung, angereichert mit Verärgerung. Wie ein Heuschreckenschwarm fielen ganze Bündel an Ängsten wieder über mich her. Wieder geriet ich in Resignation und wieder in Empörung.

Ich hatte natürlich Erwartungen geschürt. Schließlich hatte ich nicht mit irgendwem geredet. Nicht nur enttäuscht, auch trotzig und renitent wollte ich nachlegen. Hatte ich nicht genug Klartext geredet beim letzten Date? Anscheinend reichte das immer noch nicht! Das Ritual kannte ich ja schon. Geradezu ungestüm wählte ich die nun schon bekannte vorwahlfreie Sondernummer. Gebührenfrei, ohne vertröstenden Anrufbeantworter oder uninspirierter Callcenter-Stimme:

*Ja, was soll denn das! Mann, jetzt reichts mir aber! Schon seit einer gefühlten Ewigkeit haben sie mich im Würgegriff, diese Ängste. Sie rauben mir jeden Lebensmut, verstellen mir alle Perspektiven, zerstören meine ganze Lebensfreude, rauben mir meine Energie und ersticken alle meine Pläne und Wünsche. Ja ich trau mich gar nicht mehr, überhaupt Wünsche zu haben. Oder machst Du das alles mit mir? Wenn Du der große Chef bist, dann entgeht dir nichts, auch nicht mein Jammertal! Und? Wie lange willst du mir noch dabei zuschauen? Zum Beispiel wie ich mich immer noch täglich am Briefkasten vorbeistehle, es könnten ja wieder Mahnungen drin sein und all der Mist.*

*Habe ich mich vor kurzem nicht deutlich genug ausgedrückt? Habe ich nicht mein Chaos zur Genüge vor Dir ausgebreitet? Aber jetzt scheint es, als wäre überhaupt nichts passiert. Bin ich es nicht wert oder was? Den Rest der Litanei erspare ich dir und mir. HE! T`schuldigung, BITTE! Ich will das alles nicht mehr.*

Ich kann es nur doppelt und dick unterstreichen: Diese Momente, in denen das Fass zum Überlaufen voll ist, können einen über Grenzen schubsen und den Weg zu neuen Kraftquellen weisen, wenn man in all dem Chaos dazu bereit ist. Lange nicht mehr hatte ich eine so aus Klarheit und Entschlossenheit gespeiste Kraft in mir gespürt wie damals, sozusagen von Angesicht zu ANGESICHT.

Dem HÖCHSTEN gegenüber benehme ich mich üblicherweise nicht so widerborstig, aber ich war zu dieser Zeit so elektrisiert in dieser Mixtur aus Enttäuschung, unbändigem Willen und, man mag es nicht glauben, meinem unbedingten Vertrauenwollen in Gott, dass ich es einfach voraussetzte, ER werde mir schon verzeihen.

Wie war das noch? Ausweglosigkeit fördert Auswege zutage!

## Stufen

Damit wir nicht den Faden verlieren, eine kurze Rückschau: 1994 begann ich mit dem Kurierfahren und verdiente dadurch wieder regelmäßig Geld. und konnte mir wieder eine Wohnung mieten, eine sehr bescheidene zwar, aber was das für jemanden bedeutet, über dessen Haupt drohend das Damoklesschwert wirbelte, ist mit Worten kaum zu beschreiben. Am besten noch mit damit: Ich hatte wieder ein festes Zuhause.

Zu genau dieser Zeit bin ich Amma zum ersten Mal begegnet.

Allmählich festigte sich eine gewisse Ahnung, mein Leben könnte womöglich durch die Hand Ammas gelenkt sein. Irgendwie begleitend, unsichtbar und doch spürbar existierend. Zur Vorstellung, ob nicht doch etwas Höheres im Leben mitmischt, war es dann nicht mehr weit. Es ist so schwierig, eine Vorstellung von Gott oder dem Göttlichem zu umreißen, erst recht konkret zu formulieren. Vielleicht eine Energie, die Einfluss auf uns nimmt, eine sich jedem Verstehen entziehende alles überstrahlenden Instanz, magisch, wahrhaftig, erhaben...?

Anfangs war meine Überzeugung noch brüchig, (der Geist ist willig, doch das Fleisch… ), will aber mein diesbezügliches Wachstum auch nicht kleiner reden als er war. Bewegung kam wieder in mein Leben, ein Voranschreiten wurde spürbar. Beim Zurückschauen wurden Stufen erkennbar, ganz kleine, aber immerhin waren das Stufen zu einem bewussteren Umgang mit mir selbst.

## *Die dritte Initialzündung -*
## *Bücher als Botschafter*

Ängste bewusst anzuschauen war ein enorm bedeutender Schritt in Richtung einer Befreiung aus der Umklammerung von Depression und Mutlosigkeit, was allerdings nur ein erster Schritt sein konnte. Zwangsläufig mussten weitere folgen. Ängste sind ein wilder Haufen. Bis man da mal durchsteigt! Die alten Wunden wollten nicht so schnell verheilen wie erhofft und meine inneren Dramen schleuderten mich manchmal immer noch herum wie in einer Zentrifuge. Das brachte mich zwischendurch gewaltig in Zugzwang. Aber um im Bild zu bleiben, die Zentrifuge trennt die Substanzen wie die Spreu vom Weizen. Auf unser Innenleben übertragen: Verborgenes wird sichtbar und ermöglicht den Blick in die Tiefe.

So entstehen Intensiv-Momente. Sie sind wahre Schatztruhen! Oft erfordert es Schmerzen und Plagen, damit sie entstehen können, aber dass sich die immer wieder einstellten, dafür bin ich heute unendlich dankbar. Bei jeder sich bietenden Gelegenheit versuche ich sie hervorzubefördern. Sie sind ein Powerelement des Lebens.

Einer dieser Powermomente war damals der, als ich so aufgeladen war, dass ich keinen anderen Ausweg mehr sah, als Gott demonstrativ und schimpfend wie ein Rohrspatz alles vor die Füße zu werfen. ER hat mir wirklich zugehört – und war mir auch gar nicht böse und was folgte, war das Gegenteil von Bestrafung.

Ein Aha-Erlebnis, das für einen Paradigmenwechsel taugte! Ein Pflänzchen hatte Wurzeln geschlagen, bewässert durch entschlossene Hinwendung. Es trägt den Namen: *Gib-nicht-auf! Du erhältst Beistand.* Das Wissen um dieses Wurzeln in mir verschaffte mir eine wahrhaft geheiligte Erfahrung, die mir fortan immer zur Verfügung stand, wenn mich meine Emotionen wieder einmal fast verrückt werden ließen, mein Innenleben einem Dampfkessel glich und die Frage herausbrach *„was tun?"* Dann brauchte ich nur auf dieses Faustpfand zurückgreifen. *Was jetzt tun?* Diese banale Frage kann mit einer entsprechenden Füllung im Tank die Power einer zündenden Rakete in sich tragen.

So wie an jenem sonnigen Herbstabend, als er wieder entstand, der bergeversetzende Intensiv-Moment, angefüllt mit einer sonderbaren unaufhaltsamen Energie.

Hibbelig vor lauter Willen und unbedingtem Antrieb kam ich vom Kurierfahren nach Hause, nach allem lechzend, was Lösung verspricht: Ungeduld, Willen, Ratlosigkeit, nicht-akzeptieren-wollen, Ärger, vor allem aber mit der Kompromisslosigkeit, diesen Moment als Chance zu nehmen, und sie ja nicht auszulassen. Es *musste* ein Resultat her, denn ich steckte wieder einmal gewaltig fest.

*Es muss etwas passieren! Du musst unbedingt etwas tun. Jetzt. Sofort!*

Die Frage war nur: Was?

Einem Befehl gleich polterten diese Gedanken unaufhörlich durch meinen Geist:

*Du musst unbedingt etwas tun. Jetzt. Sofort!*

Ich konnte sie unmöglich überhören und wollte es auch nicht. Eine unwiderstehliche Triebkraft gepaart mit wilder Entschlossenheit feuerten meine Fragen in meinen Innenraum.

*Lass nicht nach, bis etwas passiert!*

Die Regeln des Spiels kannte ich bereits und ließ mich gerne erneut darauf ein. Das innere Pingpong-Spiel nahm unwillkürlich seinen Lauf:

*Du willst das so nicht mehr? Dann treffe einen Entschluss! Wofür? Besinn dich, welche Möglichkeiten du hast.*

*Du findest nichts? Schau genau hin, was du bereits erreicht hast: Du gingst durch die Hölle. Du hast sie überlebt. Du bist Amma begegnet. Deine Schulden bist du los. Du hast beten gelernt. Deine Gebete wurden gehört. Du stelltest dich heldenhaft der Angst. Ist das alles vielleicht nichts?!*

*Weiter! Wohin?*

*Ich weiß es nicht. Zur nächsten Stufe. Welche Stufe? Da MUSS ein Weg sein! Lass nicht nach. Keine Ablenkung jetzt! Du willst dein Leben so nicht mehr? Also ändere es. Bleib dran! JETZT! Nicht verschieben auf morgen. Keine Ausflüchte!*

*JETZT! JETZT! JETZT!*


Dialog? Monolog? Egal. Darauf kam es jetzt nicht an. Gegenwart angefüllt mit geballter Dynamik verwandelte mich buchstäblich in leibhaftig gewordene Willenskraft: Ich *will* Antworten finden – unter allen Umständen, und zwar JETZT! Ich erlaubte mir nicht nachzulassen, bevor sich verwertbare Antworten auftaten. Ungeduld kann (manchmal) so konstruktiv sein!

Die Fragen wurden klarer:


*Wie heile ich die alten Wunden? Wie ist das mit dem Wünschen? Wie finde ich Zugang zur Quelle aller Quellen? Gibt es ein Verstehen außerhalb des Verstandes und wenn ja, wie erschließe ich es mir? Zu mir selbst kommen, was bedeutet das? Was mache ich in Zukunft beruflich. Was ist meine Berufung? Gibt es die Partnerin für mich? Was fange ich an mit solchen Allerweltsaussagen wie, „wir sind alle göttlich" oder „du bist nie allein"?*


Eine Million Fragen! Es musste eine Million Antworten geben. In meiner ungestümen Erwartung geriet ich buchstäblich unter Hochspannung. Augenblicke von höchstem Gewahrsein angefüllt, fast wie in einer anderen Realität. Entfernt von der Äußerlichkeit meines Zimmers. Eine rätselhafte Schubkraft trieb mich an und scheuchte mich im Raum auf und ab.

Plötzlich, wie unter einem absichtslosen Zwang stehend, sah ich mich vor mein Bücherregal bugsiert. Wieder übernahmen befehlsgleiche Gedanken die Führungsrolle: *Du hast doch so aufschlussreiche Bücher.* Ich überlegte nicht lange und griff spontan zu:

*„Der Pfad des friedvollen Kriegers".* [3]

Dan Millman schildert seine Begegnung mit einem spirituellen Lehrer, der auf geheimnisvolle Weise in seinem Leben auftaucht und, anfänglich nicht von Millman als solcher erkannt, dann aber erkennen musste, dass er seinem äußeren wie inneren Führer begegnet war.

Vor Jahren hatte ich es schon einmal gelesen. Interessanterweise hatte ich alle Bücher, von denen in Folge die Rede sein wird, schon mal gelesen.

Ich erinnerte mich nicht mehr an viele Details, aber eines war haften geblieben: Es ging um eine reizende Liebesgeschichte, aber auch um weit mehr als das. In erster Linie interessierte mich, wie der sich aus seiner unheilvollen Lage befreiten konnte. Dan Millman verrät in seinem autobiographischen Roman, dass es ihn bei einem Motorradunfall schlimm erwischte und seine sogar olympische Spitzensportkarriere zerstört war und wie er damit zurechtkam. Aber ich gestehe, genauso lock-

---

[3] (Millman. Der Pfad des friedvollen Kriegers)

te mich natürlich seine Liebesgeschichte, denn, daran erinnerte ich mich, es gab ein happy end.

Abgetaucht in die Magie der intensiven Gegenwart schlug ich das Buch an beliebiger Stelle auf, und da las ich:

*„Wenn dein Denken sich selbst ein Problem konstruiert, wenn es sich dem Gang des Lebens widersetzt, dann entstehen Spannungen in deinem Körper und diese Spannungen bezeichnen wir als GEFÜHLE, wir haben Angst, Wut, Kummer. Aber echtes Gefühl ist reine Energie frei durch den Körper strömend".* [4]

Donnerwetter! Schon war ich mitten in meine Themen katapultiert

Weiter:

*"Es gibt zwei gleichzeitig ablaufende Prozesse. Der eine ist die Einsicht – die Bereitschaft, die Aufmerksamkeit zu konzentrieren und das Bewusstsein auszurichten auf das, was du sehen willst. Der andere ist die Hingabe – das Loslassen aller Gedanken, die aufsteigen mögen."* [5]

Wow. Antworten, gerade wie für mich geschrieben!

Ich verschlang das Buch. Welch aufrüttelnde Hinweise aus diesem Buch quellen, verdeutlicht auch folgendes Zitat:

*"Mäßigkeit ist Mittelmäßigkeit im Gewande von Klugheit und Vernunft. Sie ist der vernünftige Kompromiss des Teufels, der niemanden glücklich macht.*

---

[4] (Millman Dan , S. 131)

[5] Millman D. ,  S.102

*Mäßigkeit ist etwas für die Lauen, für die Schuldbewussten, für die Zaungäste dieser Welt, die keinen Mut zum eigenen Standpunkt haben. Sie ist etwas für Leute, die nicht den Mut haben zu lachen oder zu weinen, die nicht den Mut haben, zu leben oder zu sterben."* [6]

Da stehst du nun vor deinem Selbstbild, dachte ich mir. Na, wenigstens zum Weinen hatte ich den Mut.

Das Buch war in einer Nacht ausgelesen. Was jetzt? Immer weiter, immer weiter. Wie hatte sein Lehrer, er nannte ihn Socrates, weil er ihm nie verriet, wer er wirklich war, gemahnt?

*„Von nun an sollst du, wenn deine Aufmerksamkeit abschweifen will in andere Zeiten, an andere Orte, dich selbst zurückholen. Erinnere dich immer wieder: „Die Zeit ist jetzt, der Ort ist hier. Wie viel Uhr ist es? Jetzt! Wo sind wir? Hier!"* [7]

Der Millman brachte meine Drähte zum Glühen, nur - wie sollte ich das alles bloß in meinen Alltag integrieren?

Ich ergab mich dem Strudel. Er war unwiderstehlich. Er duldete keine Pause, drängte mich immer weiter.

Ich sinnierte und versuchte es sinken zu lassen, hielt innere Monologe, erhoffte Dialoge, versuchte Lösungen abzuleiten, fragte ins Blaue hinein, ins Innere, nach oben, was denn nun bei all dem inneren Aufruhr zu tun sei. Fühlte mich von den Bü-

---

[6] Millman D.

[7] Millman D.

chern halb gezogen, halb zu ihnen hingeschoben und meinte wieder und wieder die leise Ahnung zu vernehmen, als ob mir „etwas" ins Ohr flüstern würde:

*Lies weiter in deinen Büchern, in ihnen steht alles, was du wissen musst. Bleib dran! Bleib im Fluss. Nutze ihn.*

Und ob ich dranbleiben wollte. Gleich am nächsten Abend nach der Arbeit. Greife wieder ohne nachzudenken ins Regal.

Baird T. Spalding: *„Leben und Lehren der Meister im Fernen Osten".* [8] Lehren und Meister, Ferner Osten. Klang vielversprechend. Schon auf Seite 34 fange ich an, Sätze herauszuschreiben, dröhnende Leitsätze, die man nie mehr verlieren will:

*„Der Mensch wird lernen, Selbsttäuschung und Eitelkeiten fahren zu lassen .... Er wird einsehen, dass der Stolz keine Belehrung annimmt; er wird wissen, dass nur der Demütige die Wahrheit entdecken kann. Seine Füße werden festen Boden spüren, er wird nicht länger straucheln, er wird Gleichgewicht und Entschiedenheit erlangen."* [9]

Spalding war Wissenschaftler, der 1894 mit einer Expedition den Fernen Osten bereiste. Auf diesen Reisen kamen sie immer wieder in Kontakt mit Menschen, die in überwältigend geistiger Reinheit nach Gesetzmäßigkeiten lebten (und leben!), die

---

[8] (Spalding, Leben und Lehren der Meister im Fernen Osten, Bd. 1-3)

[9] (Spalding B. T., Bd.1, S.34)

für die Expeditionsteilnehmer geheimnisvoll und unbegreiflich erscheinen mussten, zumindest aber ihre Weltsicht auf eine ernste Probe stellten.

Von diesen Menschen waren sie zu ihrem Erstaunen ohne Vorbehalte eingeladen und freundlich willkommen geheißen, um an von höchster Weisheit erfüllten rituellen Gesprächen teil zu nehmen, um darüber aufgeklärt zu werden, dass der Menschheit weit umfassendere Möglichkeiten zur Verfügung stehen, um ein erfülltes, wahrheitsgemäßes, glückliches und freies Leben zu führen, als ihnen auch nur im entferntesten bewusst war.

Ich verhehle nicht, dass ich mich anfangs fragte, ob das sein könne, was der Spalding da schrieb, das ist doch gerade mal gut hundert Jahre her! Ist der seinem Ego erlegen und will sich nur wichtigmachen? Wiederholt las ich einige Abschnitte von vorne, um mir den Vorwurf der Blauäugigkeit zu ersparen. Je tiefer ich mich auf Spaldings sonderbare abenteuerlichen Geschichten einließ, desto weniger konnte ich glauben, dass sich das einer ausgedacht haben kann, nur um mit den Büchern Geld zu verdienen. Oder kann so eine Aussage von einem Scharlatan stammen:

*„Wenn der Mensch dazu gelangt, den großen Anderen – sich selbst – zu erkennen, dann soll er ihn hineinnehmen in seine geheime Kammer und die Tür zuschließen. Dort wird er seinen gefährlichsten Feind erkennen und lernen, ihn zu überwinden. Er wird sein wahres Selbst finden. Dort wird er seinen treuesten Freund, seinen weisesten Lehrer, seinen sichersten Ratgeber finden – sich selbst ... . Er wird finden, dass in ihm selbst das heiligste der Heiligtümer wohnt. Er wird die Innigkeit der Verbindung*

*von Gott und dem Menschen spüren … . Er wird einsehen, dass irgendeine Trennung dieser beiden, die zwei getrennte Wesen scheinen, aber in Wirklichkeit nur eines sind, nur im Bewusstsein des Menschen hat bestehen können.*" [10]

Klingt nach der Aufforderung, Barrikaden nieder zu reißen und Grenzen zu erweitern; in uns. Ja, genau das sollte mir zum Programm werden.

Seitenweise könnte ich aus diesen drei Bänden Sätze zitieren, angefüllt mit Weisheiten und Abenteuern. Und ganz nebenbei werden unsere Köpfe aufgeräumt von so manchen Desinformationen über die Historie der Menschheit. Insbesondere werden wir erinnert an die fundamentale Bedeutung alter östlicher Kulturen als Orientierung auch für uns im christlich geprägten Westen.

Durch Spaldings Bücher begann ich zu begreifen, dass es so etwas wie unser Lebensauftrag ist, uns immer höhere Erkenntnisebenen zu erschließen. Damals in meiner höchst sensibilisierten Empfänglichkeit entsprachen Spaldings Aufzeichnungen einem Meilenstein, in dem eingemeißelt steht: Alles was du brauchst, ist schon da. Du musst es nur finden **wollen**!

Dieses Gesetz schließt auch die goldene Wahrheit mit ein, dass wir niemals allein sind und in jedem Moment auf Beistand zählen können. Angesichts der grandiosen Tragweite dieser Thematik kann ich mich nur dankbar und demütig verneigen.

Ich muss nur finden *wollen*.

---

[10] (Spalding B. T., Bd. 1, S. 35)

Dieser Kick treibt mich bis heute an. Damals setzte er eine unaufhaltsame Entschlussdynamik in Gang. Ich war inzwischen richtig gierig geworden nach all den wunderbaren aufschlussreichen Einflüsterungen, die zwischen Buchdeckeln auf uns warten. Ich kam nach der Arbeit nach Hause, stellte meine Tasche in die Ecke und las und las... . Die Bücher nahm ich sogar mit zur Arbeit und versank auf irgendwelchen Parkplätzen in die faszinierenden Inhalte.

Aber Vorsicht: Wer gerade anhebt, zur Leseratte zu mutieren, der sei auf eine Gesetzmäßigkeit ganz anderer Art hingewiesen, die etwa folgendermaßen lautet: *Füttere den Verstand, und er wird immer mehr wollen*. Damit machte ich so meine Erfahrungen. Über Wochen und Monate hatte ich viel gelesen und gegrübelt, glaubte vom Allgemeinen zum Konkreteren durchzudringen. Fragte mich, ob das schon Spiritualität genannt werden könne, was ich da tat, wobei mir keinesfalls klar war, was Spiritualität überhaupt ist.

ER hat sich gemeldet: Der Verstand. Wo vorher Herz und Gefühle Fragen stellten, drängte sich auf einmal der Verstand in den Vordergrund. Der Verstand seziert, bezweifelt, will Beweise, ist misstrauisch; kurz: Wir laufen Gefahr, dass er uns alles, was auf Glauben und Vertrauen beruht, kaputt denkt!

Der Verstand ist ein launischer Begleiter. Er ist einerseits natürlich ein fantastisches Werkzeug zur Meisterung unseres Alltages. Wo er aber Qualitäten wie Glauben, Vertrauen und Akzeptanz hintergeht, müssen wir ihn des Feldes verweisen.

Eine zentrale mir doch sinnvoll erscheinende Frage diktierte mir aber auch mein Verstand: Wie transportiere ich das ganze Bücherwissen in mein Leben? Keine leichte Frage und mir fiel zunächst nicht allzu viel dazu ein. Also mussten weitere Antworten her.

*Was oder wer ist Gott? Wie bekomme ich das Göttliche an meine Probleme, um sie zu lösen? Wie erweitere ich nachhaltig mein Bewusstsein? Wie erfahre ich, wer ich wirklich bin und was meine ureigene Aufgabe ist? Bin ich auf ewig „Sünder"? Wie läuft das nach dem Tod? Was ist der Himmel? Gibt es eine Hölle? Kann auch ich göttliche Gesetze anwenden und wo beginnt und endet Gotteslästerung? Gibt es die überhaupt? Wie war und ist das mit Jesus? Gibt es heute auch noch solche Meister? Wie transportiere ich deren Weisheiten in mein Denken und Handeln?*

So etwa hörte er sich an, mein Fragensturm.

Dass es für praktisch jede dieser Fragen auch Antworten gibt, daran wollte ich unbedingt glauben.

*Wie weiter? Was tun?*

Da gibt es einen Neale D. Walsch. Der schreibt, er habe Gespräche mit Gott geführt. [11]

Die Walsch-Bücher standen auch schon lange in meinem Bücherregal. Als ich ihn in diesen denkwürdigen Momenten in die Hand nahm, war es nicht das erste mal. Ich hatte ihn, sagen wir mal, durchgeflogen. Die drei Bände fand ich beim ersten

---

[11] (Walsch N. D., Gespräche mit Gott, Band 1-3)

Mal so aufregend, dass ich den Fehler machte, sie verschlingen zu wollen. Es versteht sich von selbst, soll es um die Welt, das Leben und die Schöpfung gehen, führt hastige Ungeduld ins Leere. Nun also noch einmal und richtig lesen bitte! Der Moment war bedeutungsvoll, meine Fragen auch. Waren es wirklich nur meine Fragen, oder half noch etwas / jemand anderes nach? War ich doch geführt? So ganz konkret? Inzwischen hielt ich so einiges für möglich. Steckte etwa AMMA hinter allem…?

Die „Gespräche mit Gott"-Bücher wirkten auf mich wie eine logische Fortsetzung von „Leben und Lehren der Meister…". Was ich mir auch an Fragen stellte, in ihnen fand ich Antworten – ist ja auch nicht verwunderlich, wenn man ein Gespräch mit Gott führt, oder?

Auch bei Walsch fragte ich mich lange skeptisch, was der mir da erzählt. Er habe Gespräche mit Gott? Ob das nicht ein bisschen hoch gegriffen ist, oder der Mann eher geisteskrank oder größenwahnsinnig sei? Ein Gotteslästerer, wie er im Buche steht? Ein Scharlatan, der aus seiner Not eine Tugend und mit Schreiben eine Menge Kohle zu machen versucht? Doch wenn ich dann Sätze las wie die folgenden, konnte ich so viel Genie bei einem gescheiterten Journalisten wie Walsch nicht vermuten:

*„Von mir kommt dein erhabenster Gedanke, dein klarstes Wort, dein edelstes Gefühl. Alles, was weniger ist, entstammt einer anderen Quelle".* [12]

Und weiter:

*„Der erhabenste Gedanke ist immer jener, der Freude in sich trägt. Die klarsten Worte sind jene, die Wahrheit enthalten. Das nobelste Gefühl ist jenes, das ihr Liebe nennt. Freude, Wahrheit, Liebe. Diese drei sind austauschbar, eines führt immer zum anderen".* [13]

Walsch scheint mir eher ein begnadetes Glückskind zu sein.

Diese Bücher halte ich für eine einzige Offenbarung. Viele Botschaften darin berühren zutiefst und erweitern gewaltig unsere Sicht auf das, was man Leben und Schöpfung nennt. Stellvertretend möchte ich besonders einen Hinweis herausgreifen, weil gerade dieser so nachhaltig auf mich gewirkt hat, dies immer noch tut und mich immer wieder zur Selbstüberprüfung mahnt: Die Beantwortung der Frage, ob SEINE Botschaften beachtet werden. Die Antwort:

*„Die meisten nicht, weil sie gar nicht empfangen werden."*

Hallo! Deutlicher kann man es nicht unter die Nase gerieben bekommen! Lange Zeit hatte ich nicht mehr so klar vor Augen, was ich zu tun hatte:

---

[12] (Walsch N. D., Gespräche mit Gott, Bd.1, S.22) Im folgenden abgek. m.:" G.m.G."

[13] (G.m.G., Bd. 1, 23,)

Ich wollte zum Empfang bereit sein.

Zum Empfang bereit sein, das riecht nach Arbeit. Und ist ein Dauer-Job. Vermutlich hört das Forschen nach der klaren Empfangseinstellung nie auf. Vielleicht mit der Erleuchtung und das wäre auch noch eine Frage, was Erleuchtung überhaupt ist. Seufz, so viel Großes schlummert noch im Unerreichbaren, doch das Geheimnisvolle ist vielversprechend und verlockend! Der Weg ist halt das Ziel!

Wenn ich bedenke, dass ich damals versuchte, mich wenigstens einmal am Tag auf Gott zu besinnen und wie selten mir das über eine lange Zeit hinweg nur gelungen ist oder nur für einen verschwindend kurzen Moment, dann musste ich mir fragend eingestehen: wie kann man nur so einen gestörten Empfang haben! Ich hätte nie gedacht, dass es so mühsam sein kann, die Antennen empfangsbereit auszurichten. Aber mit der Zeit und mit SEINER Hilfe kam ich voran.

*„Meine mächtigste Botin ist die Erfahrung, und selbst die wird von euch nicht zur Kenntnis genommen."* [14]

Gut, ein paar Erfahrungen hatte ich bis dahin gesammelt, o.k., keine die einem hohen Anspruch genügten. Sie gaben eher Anlass zur Bescheidenheit. Heute lege ich größten Wert darauf, den Zugriff auf meine Erfahrungen so zugänglich wie nur irgend möglich zu erhalten. Sie sind mein Faustpfand, und beschenken mich mit dem erhabenen

---

[14] G.m.G., Bd. 1, S.23

Gefühl, dass sie der Speicher wunderbarer Botschaften sind und jederzeit abrufbar.

Kaum hatte ich Walsch`s Bücher zu Ende gelesen, fing ich wieder von vorne an. Nicht, zum Zeitvertreib, sondern weil ich zu unterschiedlichen Zeiten verschiedene Antworten auf ein und denselben Seiten erhielt, als ob gedruckte Weisheit meine Auffassungsgabe vorwegnehmen würde, was bedeutet, dass beim Lesen die eine oder andere Botschaft an meiner Antenne vorbei gerauscht war.

Dank Amma erfahren wir, dass es auch in dieser Zeit genügend Quellen an Weisheit und Wahrheit gibt, die richtungsweisend für ein freudiges Leben auf Erden sind. Und mit ihrem Handeln beweist sie es uns auch. Eine Offenbarung von unschätzbarem Wert. Der großen Worte bin ich mir durchaus bewußt. Nichts weniger will ich damit ausdrücken, als dass mir Amma mit ihrem von tiefster Menschenliebe inspirierten Leben eine feste und absolut verlässliche Orientierung in mein Leben zauberte.

So viel zu meine „Bücherreise". Sie bezeichne ich als meine dritte Initialzündung. Sie führte mich in ein neues Land, einem Land, wo man andere Fragen stellt und wo die Antworten aus einem anderen Kosmos zu kommen scheinen. Ein Land der ausgestreckten Hände, eine Welt des Wundersamen, der Offenbarungen. Nichts weniger als dies bedeuteten mir all diese Bücher.

Dabei erwähnte ich noch gar nicht die Bücher von und über Amma. Das konnte ich auch nicht in diesem Zusammenhang. Nicht nur deshalb, weil ich damals die meisten ihrer Schriften noch gar nicht kannte, sondern weil sie sich von den oben genannten dadurch entscheidend abheben, als ihr Leben selbst die Bestätigung dessen ist, was sie sagt und schreibt. Ihr Handeln ist leibhaftige Bestätigung des Wahrheits- und Weisheitsgehaltes ihrer Worte.

## Eine Zauber(-hafte) -Begegnung

Ich fand zu meiner Art zu beten, suchte und erfuhr viel magisches und Bereicherndes. Trotzdem wurde ich schon noch eine gefühlte Ewigkeit auf nervtötende Geduldsproben gestellt. Noch lange fühlte ich mich von den Freuden des Lebens abgeschnitten wie ein Mönch im Himalaya.

Aber dann landete ich vollkommen überraschend in einer prickelnden Episode. So kurz sie auch nur dauerte, sie wirkte wie ein pulsierender Jungbrunnen für mein immer noch brüchiges Vertrauen auf meine Wirkung auf Frauen (Schmunzeln? Gerne, aber es war so).

Drei, vier Monate nach meinem Polter- und Beschwerdegebet, bei dem es auch um Spaß und Sex und Beziehungsängste ging, lud mich eine einnehmend sympathische und von mir bewunderte Bekannte und Freundin zu einem Konzert ein. Die Musik war romantisch, zum Träumen und musikalisch niveauvoll und versetzte uns in eine erregende Stimmung. Wie geschaffen für einen erwartungsvollen Abend.

Es versteht sich von selbst, dass sich Einzelheiten nicht gebieten. Nur so viel: Es folgte eine zauberhafte, wenn auch kurze Zeit, in der ich verwundert erlebte, wie meine Ängste, Unsicherheiten und Beklemmungen, was die Beziehung zum weiblichen Geschlecht betraf, wie von Zauberhand aufgelöst wurden. Auch eine Art von Wiederbelebung.

Die tiefe Bedeutung dieser beflügelnden Variante meines Schicksals kann erst richtig eingeschätzt werden, wenn ich weiter unten von einer weiteren Begegnung mit einer Frau berichte. Aus heutiger Sicht mit entsprechendem Abstand schien diese Begegnung wie mit magischer Absicht zu mir getragen worden zu sein. Wenn man bedenkt, in welchem Kontext diese Geschichte steht, nämlich zum Ausgangspunkt meiner Gebete und vor allem meines „Poltergebetes" und dem, was zum Thema Beziehung folgen sollte, ist bestimmt zu verstehen, dass mich dieses Erlebnis mit viel freudiger Aufgeregtheit erfüllte.

Erneut eine Geschichte, die den Geist des Wunders in sich trägt. Tatsächlich kam mir dazu der Gedanke – naiv, trivial, oder nicht - vielleicht war das jetzt eine Art Entschädigung für mein überstrapaziertes Gefühlsleben oder sogar so etwas wie eine Belohnung für mein Durchhaltevermögen. Warum nicht?

Ich deutete es an: Mein Beziehungsleben vor der eben geschilderten Begegnung war eher verworren. Jetzt aber begann etwas Neues. Selbst erlebt, in den Erfahrungsschatz aufgenommen als Stärkung meines Vertrauensgebäudes: Wenn ich einer heiligen Instanz meine Verneigung anbiete, bahne ich meinen lichten Weg, ganz egal, in welcher

Stimmung ich mich gerade befinde, einfach und unkompliziert, ohne lange Umschweife, gerade so, wie mir im Moment ist. Es braucht nicht notwendigerweise den Sonntagmorgen um zehn unter der Kanzel, auch nicht den frühen Morgen, wenn der Hahn kräht und auch nicht Räucherstäbchen und Lotussitz (obwohl das alles und ähnliches mehr auch förderlich sein kann):

*Hallo, Du hörst mich ja wahrhaftig an, wenn ich zu Dir spreche, sogar wenn ich mit Dir schimpfe. Und wenn ich dabei richtig Dampf ablasse, kommt keinerlei Zorn oder Bestrafung über mich, sondern bringst augenzwinkernd Bewegung in mein Leben. Danke, Danke und nochmals vielen Dank! (Mit Verlaub, Du bist der geschickteste Kuppler aller Zeiten).*

Was verschafft einem mehr Sicherheit, als wenn man durch selbst gewonnene Erfahrung weiß, dass man mich irgendwo hört. So gewinnen wir Demut, Freude und Dankbarkeit. Unser Leben – ein Mysterium kosmischen Ausmaßes – es birgt unendlich viele Möglichkeiten. Es birgt - **alle** Möglichkeiten! Ich kann nicht anders als davon auszugehen, dass es so sein muss.

Doch bevor ich mit meinem pikanten Beziehungsabenteuer fortfahre, möchte ich von einem anderen ganz und gar wunderlichen Geschehen berichten. Es passierte zwei Jahre vorher, im Jahr 2006.

## IV. Wundersame Begegnungen

*Begegnung mit einem Reh*

Ich erwähnte es bereits, Amma besucht auf ihrer jährlichen Tournee, die sie fast um den ganzen Erdball führt, auch München. Sie wird dabei von einer großen Zahl an freiwilligen Helfern begleitet. In den jeweiligen Veranstaltungsstädten kommen noch hunderte lokale Helfer dazu.

Verantwortlich für den Fahrdienst sahen wir uns mitten in der Nacht vor Veranstaltungsbeginn plötzlich mit einem massiven Problem konfrontiert. Ammas Helfer reisen per Bus auf der Tour mit und es bedarf immer eines erheblichen logistischen Aufwandes, für die vielen Leute während der dreitägigen Veranstaltungsdauer ein Quartier und den Transport dorthin und jeweils zurück zum Veranstaltungsort zu organisieren. Diesmal sollte es ein Jugendhotel im Zentrum Münchens sein. Den größten Teil der Mitreisenden hatten wir vom Fahrdienst üblicherweise nicht zu chauffieren, dafür war ein Busunternehmen beauftragt.

Wir waren gerade mit den umfangreichen Aufbauarbeiten beschäftigt, als es abends gegen 23 Uhr plötzlich hieß, dass das beauftragte Busunternehmen ausfällt und wir die Leute irgendwie auf anderem Wege zum Hotel bringen müssen.

Jeder kann sich vorstellen, was es bedeutet, eine Veranstaltung für tausende von Besuchern aufzubauen. Ein Heer von Helfern ist dafür von früh um sieben bis weit in die Nacht und teilweise auch schon Tage zuvor im Einsatz. Wie um alles in der Welt sollten wir in kürzester Zeit annähernd hundert Leute zu diesem Hotel bringen? Und das zusätzlich zu den sowieso noch anstehenden umfangreichen Aufbauarbeiten! Stress pur und jede Menge Adrenalin in den Adern! Kurze Hochrechnung: Mit unseren Pkws? Vier Personen per Auto, macht fünfundzwanzig Autos für 100 Leute! Ausgeschlossen, so viele sowieso schon übermüdete Helfer vom Aufbau abzuziehen.

Nach viel Kopfzerbrechen und dem aufopfernden Einsatz vieler hilfsbereiter Menschen gelang es, diese Herausforderung zu bewältigen. Nach zwei Uhr in der Nacht waren wir damit fertig - und ich auch. Ich brauchte jetzt nur noch eines, und das war mein Bett und ich machte mich auf den Weg nach Hause, was etwa 40 Minuten dauern sollte.

Ich war so müde, dass ich Mühe hatte, die Augen offen zu halten. Dabei musste ich auch noch die Tankanzeige im Auge behalten, die sich unaufhaltsam der Null-Marke näherte. Ich ging davon aus, dass es gerade noch nach Hause reichen würde. Also fuhr ich ganz sparsam und langsam, damit es ja noch reiche ohne zu tanken. Vier Kilometer vor meinem Zuhause gibt es eine Tankstelle, ich fuhr aber eben an ihr vorbei. Ich wollte nur noch schnell ins Bett. Aber vielleicht zwei Kilometer danach sprang meine Tankanzeige endgültig auf null und ich musste befürchten, dass der Tank gleich komplett leer sein würde, ich also doch tanken musste! Sofort wendete ich und fuhr wieder in Richtung Tankstelle. Kaum hatte ich beschleunigt auf vielleicht achtzig km/h, sprang plötzlich ein Reh in meinen Scheinwerferkegel und bevor ich überhaupt richtig begonnen hatte zu bremsen, hatte ich das Reh erfasst.

Im ersten Schrecken durchfuhr mich ein innerer Aufschrei: „Wieso jetzt das, ich habe doch bis zur Erschöpfung alles gegeben, bin nur meiner Verantwortung nachgekommen?!"

Da stand ich mitten in der Nacht auf der Straße, Auto kaputt, ich konnte Gott sei Dank noch fahren, Reh tot, auf Polizei warten, Bett in weiter Ferne,– oh Mann, war mir das lästig. Mir kam das alles wie eine ganz und gar ungerechte Zumutung vor. Sollte es etwas spezifisches zu verstehen geben an dieser mysteriösen Geschichte, wenn ja, dann *wollte* ich es verstehen.

Ich wusste, Amma wohnt im Haus Shekars, ein von mir hoch respektierter indischer Freund. Auch die Swamis, das sind die Menschen, die Amma am nächsten stehen, wohnten dort und so rief ich früh am Morgen Shekar an in der Hoffnung, dass er für mich bis zum Veranstaltungsbeginn herausfinden könne, was es mit dem Unfall auf sich hatte. Ich hoffte, er bekäme eine Gelegenheit, einen der Swamis zu fragen.

Ich möchte an dieser Stelle erwähnen, dass Ammas Swamis ein hohes Ansehen genießen und wir sie alle als außergewöhnliche Menschen kenn- und schätzen gelernt haben.

Am Morgen kam ich gerade am Hallenparkplatz an, als mir Shekar in Begleitung jenes Swami entgegenkam, der Amma mit am längsten als Schüler dient. Er kam gleich auf mich zu und gab mir zu verstehen, dass er von meinem Missgeschick bereits wisse und ich solle mir keinerlei Sorgen machen. Swami schaute mich sehr mitfühlend an, klopfte mir sachte auf die Schulter und ich fühlte mich in diesem Moment wirklich getröstet. Ich ließ aber nicht locker und bat ihn:" I would like understand this accident".

Swami hielt kurz inne, blickte mir direkt in die Augen und ich darf, glaube ich, verraten, er hat außerordentlich sanfte, klare Augen. Er fixierte mich eindringlich und intensiv, als schaue er tief in mein Inneres, was mich für einen Augenblick spürbar erfasste. Er atmete tief durch, wiegte dabei seinen Kopf nach hinten, als wolle er sich nach oben orientieren und sagte etwas ganz und gar Überraschendes:

„Your bad time is over ".

Meine schlechte Zeit sei vorüber? Ich war so verdattert, dass ich Shekar fragend anschaute: "Wie, diese Sache mit dem Rehunfall? Was meint Swami?" Shekar meinte: „Nein, ich glaube, er meint in deinem ganzen Leben". Er versicherte sich kurz bei Swami, der bestätigte: „Your bad time is over".

Eine Mischung aus unbeschreiblichen Empfindungen und Gefühlen erfüllten diesen einzigartigen Moment. Um ehrlich zu sein, ich fühlte mich wie – ausgeleert. Begreifen konnte ich das nicht. Mir kamen die Tränen, Tränen tiefer Berührung, aber es waren wohl auch Tränen aus dem Erspüren einer Ahnung, dass etwas Umfassenderes im Gange war.

Es war eine halbe Stunde vor Veranstaltungsbeginn und eigentlich hätte ich eine Menge zu tun gehabt, ich konnte aber nicht. Zu bewegend war das, was sich abspielte. Auch heute noch kann ich das, was sich damals zutrug, nicht angemessen in

Worte fassen. Etwas Unbeschreibliches, Unerklärliches hatte mich erfasst.

Max lief mir über den Weg. er ist ein erfahrener Therapeut, sehr fundiert auch in spirituellen Fragen, ein wunderbarer Mensch und Freund. Er sagte mir so etwas wie: Nimm es an, das ist etwas Großes. Wieder kamen mir die Tränen und ich spürte, dass er recht hatte.

Mit der wundersamen Segnung war damit aber noch nicht Schluss. Sie sollte sich in ihrer Dimension noch deutlich ausweiten.

Wie schmerzhaft und lange mir Ängste und Depressionen zu schaffen machten, habe ich ausführlich beschrieben. Zur Zeit dieser Veranstaltung litt ich intensiv unter dieser gnadenlosen Fessel. Und nun sollte sich eine derart wundersame Wende anbahnen und alles soll vorüber sein? Ich war verwirrt. Die Mischung verschiedenster Gefühle vermischten sich mit Zweifel. Herz und Verstand befanden sich zeitweise im Duell miteinander, ob es denn tatsächlich die Wende meines Schicksals sei oder ich mir das nur einbilde. Am dritten Tag der Veranstaltung gab es keinen Zweifel mehr: Eine spürbare Leichtigkeit begann in mir Wurzeln zu schlagen. Dann drängte sich wieder der Verstand in den Vordergrund: *Wahrheit oder Einbildung?*

Meine Pflichten lenkten mich wieder für ein paar Stunden ab. Doch sobald sich wieder eine Gelegenheit fand, in mir nachzuspüren, ob die gerade gewonnene Errungenschaft sich womöglich wieder zu verflüchtigen beginnt, stellte ich fest: Sie hielt an, die Leichtigkeit.

Die ersten Tage nach Ammas Abreise war ich immer noch unsicher und von Zweifeln beschlichen. Ist jetzt wirklich so etwas Großes mit mir geschehen? Habe ich so eine gnadenvolle Wende überhaupt verdient? Nach einer Woche hielt das Gefühl des Befreitseins immer noch an, nach zweien auch noch, auch nach drei Wochen. Altlasten verschwanden wie im Frühling Kälte und Schnee nach einem kalten Winter. Im Klartext: Die depressiven Zustände waren verschwunden. Die ganze Schwere war mir von den Schultern genommen! Auch nach Monaten und Jahren kehrte sie nicht mehr zurück, bis heute nicht.

Es gab keine Depression mehr!

Dies ist meine unbestechliche, unangreifbare Wahrheit und bezeichnet den Beginn einer neuen Zeitrechnung in meinem Leben, die einer Neugeburt gleichkommt. Quälende Unsicherheit und tiefe psychische Instabilität waren einer erlösenden Erleichterung gewichen.

Erfahrungen sind gleichbedeutend mit Wissen und Wahrheit. Meine neue Wahrheit war, die dunkle Zeit ist vorüber, die bleierne Zeit ist überstanden.

An den äußeren Umständen änderte sich nicht viel. Es gab weiterhin Hürden, die naturgemäß immer wieder im Leben auftauchen. Aber nun waren sie nicht mehr meine Feinde. Das Kurierfahren brachte nach wie vor nur das nötigste ein. Der Unterschied war und ist, dass ich mit immer weniger Druck und Sorge mit den Herausforderungen umzugehen lernte, im wachsenden Vertrauen, dass alles gut wird.

Diese neue von den Lasten befreite Zeit stellte sich gar nicht so spektakulär ein, wie sich das vielleicht in diesen Zeilen liest. Dass die Schwere ausblieb, das kam einfach so daher, leise, ganz und gar unaufgeregt. Nur, immer wenn mir jemand die Frage stellte: *„Wie geht's Dir?"*, konnte ich nur eine Antwort geben: *„Mir geht's wunderbar"*.

Ich muss eingestehen, dass ich bei diesen Antworten zumindest anfangs eilig in mir nachforschte: *Stimmt das oder machst Du dir was vor?* Es stimmte immer, es stimmt heute noch. Mir ging und geht es einfach gut.

Ich könnte dazu verführt sein, über dieses Erlebnis von einem Wunder zu sprechen. Mit solchen Bezeichnungen halte ich mich aber lieber zurück. Ich bezeichne es ausdrücklich nicht als solches, und zwar unter anderem aus folgendem Grund: Niemand verlor auch nur ein Wort über einen Zusammenhang des Rehunfalles mit der Aussage des Swamis und der Auflösung meiner Depression. Swami stellte den Zusammenhang nicht her und auch Amma nicht. Damit keine falschen Tendenzen in die Welt gesetzt werden. Aber dass sich die Ereignisse in dieser Reihenfolge so ergaben, wie ich sie geschildert habe, entspricht nun mal der Wahrheit.

## Entscheidung für die Liebe

Meine „bad time" war vorüber. Nach der beglückenden Romanze, die an dem Konzertabend ihren

Anfang nahm, führte ich wieder ein Singledasein. Solche Phasen des Alleinseins waren mir in früheren Zeiten nicht immer willkommen. Sie nagten an meinem Selbstvertrauen und stimmten mich oft traurig.

Aber nun war das anders geworden. Nach den überraschenden Ereignissen um den Rehunfall änderte sich auch diesbezüglich meine Gemütsverfassung. Das Gefühl der Leichtigkeit brach auch nach längeren Phasen des Alleinseins nicht mehr ein. Je länger dieser Zustand anhielt, umso weniger „brauchte" ich eine Beziehung. Klingt aufgesetzt, entsprach aber meiner neuen Wirklichkeit. Meine Ausgangslage war nun die, dass, sollte es keine partnerschaftliche Beziehung mehr für mich geben in diesem Leben, ich ohne weiters damit leben konnte. Diese neue neue Grundhaltung gelang mir ganz anstrengungslos.

Welch ein Neubeginn! Nach diesen aufregenden Erfahrungen und der mit ihnen verbundenen Sicherheit konnte ich darauf bauen, dass uns das Universum ständig eine Fülle an Hilfsangeboten zur Verfügung stellt, und das verstehe ich als einen gnadenvollen Beitrag zum Glücklich Sein. Wahrlich ein göttliches Geschenk! Mit einem solchen Faustpfand in der Hand lässt sich Bedeutendes verinnerlichen: Sich in aufrichtiger Hingabe jederzeit nach innen wenden zu können, um von dort Antworten in jeder vorstellbaren und auch unvorstellbaren Form *aktiv erwarten* zu dürfen. Ich fühle mich seither geborgen wie ein Kind in den Armen seiner Mutter.

Meine neu gewonnene Sicherheit brachte noch eine weitere wundervolle Erkenntnis zur Entfaltung: Die Hinwendung zum Höchsten erfordert keine Bedingungen. Das Universum stellt keine Bedingungen! Ein Gespräch mit Gott bedarf keinerlei Bedingung als Voraussetzung. Braucht Gott die Erfüllung von Bedingungen? Wenn mir das einer weismachen will, befördert er tiefes Mitgefühl aus mir hervor. Nein! Nach meiner Überzeugung läuft da ein gänzlich anderes Spiel. Eines der universalen Gesetze der Schöpfung ist, dass wir die Freiheit besitzen, mitreden zu dürfen! Es steht uns zu, aktiv Wünsche zu kreieren oder sie zu verändern, was nichts anderes bedeutet, als dass wir mittels unserer Entscheidungen unser Leben aktiv gestalten können.

Mit diesem goldenen Erfahrungsschatz fand ich endlich zu der Klarheit und dem Mut, einen Entschluss mit großer Tragweite zu fassen:

Ich entschloss mich, für die Liebe bereit zu sein.

Dieser Entschluss, von dem gleich ausführlich die Rede sein wird, hatte etwas von einer feierlichen Verkündung. Das wollte ich so, denn inzwischen war ich davon überzeugt – oder mein Leben hat mich zu der Überzeugung gebracht -, dass, wenn ich Bewegung in mein Leben bringen will, ich meine Entscheidungen klar, ernsthaft und in eindeutiger Absicht treffen muss und zwar ohne zu zaudern und zu zögern. Das hieß für mich damals und das gilt heute noch, dass ich den Prozess durchziehe mit aller gebotener Innerlichkeit und Hinwendung und zwar *jetzt*.

Weiter vorne war schon mehrmals von der Dynamik der besonderen Momente die Rede. Da war er also wieder, so ein Moment „mit Turbo-Antrieb".

Die Ausgangslage war glasklar: Entweder bringst du jetzt konzentrierte Aufmerksamkeit und eherne Entschlusskraft ein, um *DAS* Statement abzuliefern, oder eine Großchance geht dahin und alles Weitere wäre reine Energieverschwendung oder gar so etwas wie Selbstbetrug.

Daran hielt ich mich:

*Ihre wunderbaren hohen Mächte, Ich weiß gar nicht, wie ich all meine unaussprechlich tiefe Dankbarkeit zusammenfassen soll für all das, was ich nun als große Gnade erleben darf. Muss ich mich schämen, wenn ich darum bitte und dafür danke, dass mein Leben so wunderbar geführt weiter gehen möge? Ich fühle mich so erfüllt und geschützt, dass mir nur noch zu wünschen bleibt, die Chance zu bekommen, so viel wie möglich weitergeben zu können.*

*Doch, einen Wunsch hätte ich noch, darf ich?... (Oh ja, ich checke gerade, dass wenn ich nur noch einen Wunsch hätte, ich mit mehr als einem Fuß im Paradies stände! Wünsche gibt es noch genug und genauso viele Chancen, sie los zu lassen.) Hier soll es um diesen einen Herzenswunsch gehen:*

*Ich möchte noch in Liebe und Partnerschaft mit einer Frau zusammenleben. Und um es ganz unmissverständlich zu betonen: Ich bin nicht interessiert an einer sogenannten Kompromisspartnerschaft. Keine Partnerschaft nur um mein Alleinsein zu beenden oder anderer oberflächlicher Bestrebungen wegen. Klipp und klar: Entweder es gibt für mich noch die Liebe zu einer Frau und die Liebe von ihr zu mir, die uneingeschränkt unter deinem göttlichen Dach und auf spirituellen Gesetzen gegründet und geführt ist und von beiden genauso erwünscht ist, oder es gibt*

*sie nicht und dann werde ich auch alleine glücklich
und zufrieden bis zum Ende hier auf Erden weiterleben.*

*Dein Wille geschehe. Sollte es auch auf meinen Wil-
len ankommen dürfen, so bitte ich demütig folgendes
zur Kenntnis geben zu dürfen in die Weite des Kosmos unter Zeugenschaft der gesamten Schöpfung:*

*Ich bin entschlossen und bereit für eine Partner-
schaft mit einer Frau unter oben genannten Voraussetzungen. Ich will es. Ich habe mich entschieden.
Danke.*

So sind sie geschaffen, diese Intensiv-Momente. Sie
bergen Chancen mit ungeahnter Tragweite. Sie
können Tragödien schaffen oder verhindern, den
Himmel auf die Erde bringen oder weniger dramatisch: Sie können dir die Liebe bringen. Sie sind
eine heilige Gabe. Auch wenn ich mich hier wiederhole: Wenn sie entstehen, gilt es ihre magische
Energie zu nutzen. Tun wir es nicht, verschleudern
wir ein Stück Leben! Das Überraschende an ihnen
ist, dass wir sie selbst kreieren können.


*Liebe begegnet sich*


Natürlich mutierte ich danach zur leibhaftigen Ungeduld. Schließlich hatte ich ja schon wiederholt
gute Erfahrungen gemacht mit meinen Anrufen
ganz nach „oben" und erwartete, dass es immer so
weiter geht. Meine Empfangsbereitschaft war sen-

sibilisiert wie nie zuvor. Kein Wunder bei dem Erregungspotential des Themas.

*Gibt es diese eine Frau für mich? Oder will ich doch zu viel? Wer könnte sie sein? Wie könnte sie sein? Wo könnte ich sie treffen?*

Ich kann mich gut erinnern, dass ich mich zusammennehmen musste, um nicht verrückt zu spielen. Doch die Vorsehung weiß auch zu besänftigen. Bald gab es ein sanftes Wachrütteln. Leise Gedanke strömten durch mich hindurch:

*Hab Geduld, es kommt jemand auf dich zu.* Umgehend konterte mein Verstand: *Du fantasierst! Die Self fulfilling Prophecy treibt ihr Spiel mit dir.* Der innere Zweifler hatte keine Chance gegen den „Liebesflüsterer": *Sei bereit.* Dann: *Es dauert nicht mehr lange.* Irgendwann: *Es wird jetzt langsam konkret.* Ich war hellwach. *Ihr geht bereits aufeinander zu. Ihr seid euch schon ganz nah.*

Mir standen die Haare zu Berge, bekam Gänsehaut und war aufgeregt wie ein Teenie beim ersten Date!

Natürlich interpretierte ich das „*ganz nah*" entsprechend meiner Ungeduld viel zu wörtlich. Die „Brautschau" dauerte noch Monate. Und ich muss gestehen, die Einflüsterungen kamen bei weitem nicht so klar bei mir an, wie sich das hier anhört und rätselte oft, ob ich mir das alles nur einrede. Meine Aufregung trieb mich vor mich her als hätte ich Ameisen im Pelz. Ich geisterte reichlich hibbelig umher und fürchte, der einen oder anderen im Bekanntenkreis etwas zu auffällig begegnet zu sein. Ich hoffe sie haben mir meine Peinlichkeit verziehen.

Meine Mietwohnung gehört zu einem schönen ge-
pflegten Haus mit drei Parteien. Ich bewohne die
Dachwohnung und die offen sichtbaren tragenden
Balken und großen Giebelfenster bis zum Boden
herab geben eine sehr gemütlich Wohnatmosphäre
ab. Unter mir wechselten mehrfach die Mieter, bis
2008 eine Frau mit ihrem Sohn einzog. Von Anfang
an begegnete sie uns anderen Hausbewohnern
sympathisch freundlich und immer gutgelaunt. Oft
hatte sie ein Lied auf den Lippen, das über Terrasse
und Balkon zu mir herauftönte.

Wie das auf dem Land halt ist, wir grüßten uns
freundlich, tranken auch mal Tee miteinander,
halfen aus, wenn es Gelegenheit dazu gab; es entstand eine freundschaftliche Hausgemeinschaft ... ,
und mein Gedankenkarussell erhöhte die Drehzahl
(Smile).

Vor der Treppe, die zu meiner Wohnung hochführt,
hatte ich ein postkartengroßes Bildchen von Amma
aufgehängt. Schon bald sprach sie mich auf das Bild
an und fragte, wer das sei.

Viele langen Gespräche und Spaziergänge, gemeinsamen Frühstücken und Tee- und Kuchen-
Nachmittagen folgten und es stellte sich heraus,
dass es Claudia, inzwischen duzten wir uns, sehr
wichtig war, über meine Erfahrungen mit Amma zu
erzählen. Sie fragte mich Löcher in den Bauch über
Amma und wie ich in spiritueller Hinsicht darüber
denke und was ich glauben würde, was Amma zu
diversen Fragen meinen würde.

Wie angemessen zu antworten ich in der Lage war,
möchte ich an dieser Stelle lieber nicht beleuchten.
Ich kann nur betonen, ich habe gesagt, was ich

wusste und wie ich es konnte. Jedenfalls konnte Claudia gar nicht genug bekommen von meinen Erfahrungen mit Amma. Entsprechend verliefen unsere Gespräche.

Dass meine Gedanken immer unaufhaltsamer um die eine Frage kreisten, ob sie es wohl ist, versteht sich von selbst. Es wurde immer offensichtlicher, dass wir aufeinander zusteuerten. Es knisterte. Die Spannung nahm stetig zu und meine Gedanken drehten sich fast nur noch um sie. Erinnert an verliebt sein, gell?

Klarheit im Fragen und Bitten ist eine Sache, klare Antworten zu empfangen, eine andere. Leider waren meine Zweifel hartnäckig. Nicht immer konnte ich unterscheiden, ob ich mir die inneren Antworten nicht doch selbst strickte. Eine Unsicherheit die mich nervte.

Die Spannung war irgendwann am Siedepunkt und wenn ich mich dabei ertappte, wie ich zwischendurch aufgeregt herumhampelte, kam ich mir auch mal ziemlich albern vor.

Es ging gar nicht anders, er musste entstehen, *der eine Moment*. Kein anderer Gedanke konnte mehr existieren als der, wie ich endlich den Knoten zum platzten bringen konnte. Die Intensität des Augenblicks gebar den Weckruf: *Du musst sie fragen, und zwar jetzt. Oder erwartest du, dass sie dir auf dem Silbertablett präsentiert wird?*

Es war ein Sonntag im Mai. Ich nahm mir fest vor, abends zu ihr runter zu gehen. Mein Herz pochte bis zum Hals.

Die Mutprobe wurde mir erspart. Claudia kam mir zuvor und klopfte schon nachmittags an meine Tür. Sie hatte süßes Gebäck für mich. Der Besuch endete in Umarmungen.

Sie haben bis heute nicht aufgehört. Wir leben seither zusammen in der beseligenden Gewissheit, dass unsere Liebe unter dem göttlichen Dach gedeiht, wie wir es uns beide vorgestellt haben. Wir bemühen uns aufrichtig und mit allen unseren Unzulänglichkeiten um eine an spirituellen Grundsätzen ausgerichtete Partnerschaft, in der für Freude, Freiheit, Wachstum und Humor viel Platz bleibt. Wir lassen uns dabei mit der uns möglichen Hingabe von Ammas segensreicher Liebe leiten. Und erleben das Wunder mit den vielen Namen: Dankbarkeit, Gnade, Erfüllung, Führung, Schutz, Fröhlichkeit, Freiheit, Glück. Das Wunder der Liebe eben.

Und bin jetzt augenzwinkernd dazu animiert, was ich weiter vorne schon mal ausrief: *DU bist der geschickteste Kuppler aller Zeiten.*

Soweit meine Geschichte. Der Kreis ist geschlossen.

# TEIL 3  Lehren aus meinen Erfahrungen

## I.  Den Ängsten die Stirn bieten

### *Die Rolle der Ängste*

Die teils bitteren, teils erfreulichen Folgen meiner Entscheidungen führten zusammen genommen zu Aufschlüssen mit erheblicher Tragweite. Erfahrungen haben immer Konsequenzen und welche sich für mich ergaben, werde ich in diesem dritten Teil zusammenfassen.

Ängste! Es waren unzweifelhaft meine Ängste, die mich so fertig machten und entsprechend dramatisch verlief der Umgang mit ihnen und ihr Einfluss auf meinen Alltag. Der reichte vom hilflosen Ausgeliefertsein bis zur Bewältigung von ihnen. Dieser Prozess war enorm herausfordernd und vielschichtig. Ihn in Worte und gleichzeitig in eine nachvollziehbare Struktur zu fassen setzte voraus, mich meinem Innenleben erneut kompromisslos zu stellen.

Das war nicht einfach. Lange war mir nicht klar, wie ich mich dieser komplexen Aufgabe annähern sollte, bis ich zu der Überzeugung kam, dass es das Beste sei, mit den Angstthemen zu beginnen, die mich am intensivsten beschäftigten und in der Reihenfolge, wie sie sich mir aufdrängten. Ja, das waren sie, aufdringlich und das ist noch eine viel zu milde Beschreibung, denn wieder einmal fehlen mir größtenteils die passenden Worte.

Jedenfalls schein mir diese Vorgehensweise passender zu sein als eine reine Auflistung psychischer Zustände nach akademischen Regeln.

Wie es mir gelang, mich damals mitten in meiner Krise den verschiedenen Facetten meiner Ängste bewusst zu stellen und sie in positive Energien zu verwandeln, davon handelt dieser Dritte Teil auch, aber von noch viel mehr.

Dass Angst Auslöser aller Situationen ist, in die wir geraten - außer denen, die uns glücklich machen - kann bei unvoreingenommener Betrachtung kaum bezweifelt werden. Insofern ist Angst eines der Wurzel-Themen unseres Daseins überhaupt und jeder unserer Gedanken und jede Handlung ist letztlich ausnahmslos entweder durch Liebe oder durch Angst verursacht. Angst ist der größte – und einzige - Verhinderer eines freien Lebens und füllt ganze Regale in den Bibliotheken. Mir kann es nur darum gehen, die Angstthemen auf der Basis *meiner* persönlichen Konfrontation mit ihnen zu behandeln und mich darauf zu begrenzen.

Bei der Auseinandersetzung mit Ängsten verleihe ich dem verschärften Blick auf unsere subjektiv wahrgenommene und gelebte Freiheit höchste Priorität, denn der Verlust unserer Freiheit ist offensichtlich eine zwangsläufige Begleiterscheinung bzw. Folge von Angst, von wem oder durch was sie auch immer ausgelöst wird. Man sollte meinen, dass man das im Allgemeinen für logisch hält und es deshalb überflüssig sei, es überhaupt zu erwähnen. Zu beobachten ist allerdings etwas anderes, nämlich dass die Zusammenhänge von Angst und Freiheit offensichtlich so verbreitet ignoriert werden, dass man den Eindruck gewinnen könnte, dahinter stecke Methode.

Allein schon deshalb kann eine schonungslose Aufdeckung der Relation zwischen Angst und Freiheit gleichermaßen verstören wie aufrütteln. Angst beschneidet Freiheit und der Gradmesser unserer empfundenen Freiheit ist der, inwieweit wir Angst bewältigen. Zunehmende Freiheit steht offensichtlich in Relation zu abnehmender Angst. Trotzdem oder gerade, *weil* sich die Verstörung bereits wie ein Blutsauger am Hals der Gesellschaft festgebissen zu haben scheint, halte ich es für dringend erforderlich, den Verlust unserer Freiheit als Symptom der Angst couragiert in einen logischen Zusammenhang zu stellen. Was durch Angst ausgelösten Freiheitsverlust angeht, habe ich so einiges erlebt.

Die Beschränkung unserer Freiheit hat, neben einer Menge anderer Ursachen, viel mit dem Einfluss der Ökonomie zu tun, den sie auf unsere heutige Gesellschaft ausübt. Ein Einfluss, der tief in unser Alltagsleben eingreift. Ich kann gar nicht anders, als auch dieses Thema zu streifen und scheue mich dabei nicht, ungeniert emotionalen Geneigtheiten nachzugeben.

Wenn so viel von Angst die Rede ist, könnte die Frage aufkommen, was das mit Spiritualität zu tun hat. Ich behaupte, die Auseinandersetzung mit Angst hat sehr viel mit Spiritualität zu tun. Ich wage sogar zu behaupten, dass die Bewältigung unserer Ängste eines der Hauptziele jeder spirituellen Bestrebung sein muss. Wenn man bedenkt, dass ein völlig angstfreier Mensch ein erleuchteter und von allen Bindungen befreiter Mensch sein muss, dann bestätigt sich meine Behauptung von selbst.

Im Unterschied zu psychologischen Therapien beschäftigt sich die Spiritualität allerdings überhaupt nicht spezifisch mit den Ängsten, sondern bietet Wege an, die in sich selbst „Zerstörer der Ängste" sind.

Wie gesagt, Angstbewältigung ist ein weites Feld. Wie ich über meine Spiritualität zu dem Zustand fand, den ich heute als meine gelebte Leichtigkeit bezeichne, pflügt als roter Faden durch diesen dritten Teil.

Wie gesagt, können das nur sehr persönliche Reflektionen sein. Entsprechend bitte ich darum, alles, was ich darüber äußere, zu relativieren. Das bezieht sich auch auf die Empfehlungen und Hinweise zu Meditations- und anderen Methoden.

Sich an solche komplexen Zusammenhänge heranzuwagen, mag diskutierbar erscheinen, das gebe ich zu. Ein besonders erfreuliches Ergebnis meiner Geschichte hat mich indessen darin bestärkt, die Bedenken über Bord zu werfen: Die beglückende Leichtigkeit, die mich heute begleitet und in paralleler Entwicklung dazu eine wahrnehmbar zunehmende innere Klarheit, einer Klarheit, die lange Zeit unter meiner Resignation endgültig begraben schien. Darauf beruht meine Hoffnung, ein wenig zur begrifflichen Klärung beitragen und den einen oder anderen Leser dazu ermutigen zu können, die Scheu vor dem verständlicherweise gefürchteten, aber überaus fruchtbaren Thema Selbsterforschung abzulegen.

Ich versichere euch: Eure Überwindung und euer Mut werden belohnt werden!

Als ich mich damals von all den Lasten niedergeschlagen fühlte und vor seelischem Schmerz wie betäubt war, erlebte ich meinen Geist so durch und durch vernebelt, dass ich ernsthaft befürchten musste, nie mehr klar denken zu können. Der auf mir lastende Druck drohte meine intellektuelle Beweglichkeit zu ersticken. Diese bestürzende Aussicht lastete bleischwer auf mir. Dadurch, dass ich mich über die beschriebene Zeit hinweg nach und nach von der Schwere befreien konnte, wurde mir die Bedeutung der *inneren* Klarheit für die ganze Palette meiner Befindlichkeiten erst so richtig bewusst. Der Hinzugewinn an Freiheit trägt immer auch zunehmende innere wie intellektuelle Klarheit im Gepäck.

Natürlich erlebt man auch Klarheit individuell und ist deshalb ein relativer Begriff. Was mich persönlich betrifft, bin ich einfach nur dankbar für mein Entkommen aus den geisttötenden Blockaden in dieser Phase damals nach dem Absturz, die einem blinden Umherirren glich. Relativ hin oder her, dass mit der folgenden Schritt-für-Schritt-Befreiung meine Beweglichkeit im Denken wieder zunahm, ist meine unleugbare Wirklichkeit, zumal der Prozess anhält. Auch diesbezüglich bin ich freudig gespannt und neugierig auf mein vor mir liegendes Leben und das wird auch so bleiben. Der Weg ist nun mal das Ziel.

So sind die spirituellen Ziele das Oberthema von uns Suchenden. Wie wir unseren Alltag bewältigen, ist eher eine Frage von Methoden, Instrumenten usw., eben des Weges, vor allem, *welchen* Weg wir wählen.

Was mich in meinem bisherigen Leben gleichermaßen fasziniert wie herausgefordert hat, ist herauszufinden, wie Spiritualität sich realistisch und praktikabel in den Alltag integrieren lässt, ohne dabei weltfremd zu wirken.

Wie mir das gelang? Selbstredend handelt es sich dabei um einen anhaltenden Prozess. Bei aller gebotenen Vorsicht anlässlich meiner Selbsteinschätzung: Es gelang mir über das Vertrauen. Nichts ist erreichbar ohne Vertrauen, gar nichts! Anfangs konnte ich zwar gerade noch einen Zipfel an Vertrauen zum Festhalten finden. Aber immerhin hatte ich damit ein paar Samenkörner gefunden, damit nach und nach eine Saat aufgehen und wachsen konnte. Als Ausgangspunkt dieses wunderbaren Vertrauenswachstums kann ich nichts anderes ausmachen als meine Begegnung mit dieser unbegreiflichen Frau aus Indien: Amma. Sie war und ist für mich ein ständiges Glückspotential.

Nun ist das mit den persönlichen Interpretationen spiritueller Themen so eine Sache und kann berechtigterweise zum Stirnrunzeln veranlassen. Muss man aber andererseits Meisterschaft erreicht haben, um darüber zu schreiben? Ich meine nicht, wenn man aus Erfahrung spricht. Dass ich mir das heute erlaube, hat einiges mit meiner wiedererlangten Freiheit zu tun.

Beim Schreiben dieses dritten Teils scherte ich mich auch nicht lange darum, Kategorien wie Vertrauen, Depression, Drama oder Dankbarkeit gleichwertig neben Überthemen wie der Angst oder dem Glück zu behandeln. Mir haben sich diese Thematiken eben als gleichgewichtig und in der beschriebenen Reihenfolge erschlossen. Manche Prozesse verliefen parallel und andere vereinigen naturgemäß gleich mehrere Kategorien in sich. Um der Klarheit willen wählte ich diese Vorgehensweise und nahm dabei die eine oder andere Überschneidung und Wiederholung in Kauf.

## *Selbsterforschung - Die Angst entlarven*

Wie soll das gehen, die Angst entlarven?
Angst ist ein zu großes Thema, als dass ich hier mit Allgemeinplätzen kommen kann. Jeder muss sich ernsthaft mit seinen eigenen Möglichkeiten auseinandersetzen, entsprechend der Lage, in der er steckt.
Meine erste Entscheidung gegen die Angst war, ihr *aktiv* entgegenzutreten. Ich kann mir keine wirkungsvollere Möglichkeit zur Angstentlarvung vorstellen, als sich mit größtmöglicher Wachheit nach innen zu wenden, also durch Selbsterforschung. Das wird der Überwindung bedürfen. Die bleibt uns kaum erspart.

Als ich in diese Mühle der Überschuldung mit all den deprimierenden Folgen geriet, war jeder Tag vergiftet von Angst. Diesen lähmenden Zustand habe ich vorne erschöpfend geschildert, ebenso wie mich später, als mir die Tragweite der Angst bewusst wurde, ein gehöriger Schock durchrüttelte angesichts der unerbittlichen Realität, dass Angst mein Leben diktierte.

Besonders damals, als ich aus dem Amtsgericht kam mit dem Offenbarungseid in der Hand und ich mich angebrüllt fühlte von Angstdämonen der übelsten Art: *Du besitzt keine Würde mehr! Dir gehört jetzt nichts mehr!* - was dieser lichtlose Tiefpunkt an Zuständen in verschiedensten verheerenden Variationen in mir auslöste, kann ich nicht annähernd realitätsnah ausdrücken.

Die gnadenlose Wirklichkeit war es, die mir so viel Angst einjagte. Und aus Angst wagte ich lange Zeit nicht, sie entlarvend anzuschauen. (Angst vor der Angst). Das ging sogar so weit, dass ich meine Unterschrift unter eine Bürgschaft so erfolgreich verdrängte, dass ich eine Zeit lang allen Ernstes glaubte, sie sei gefälscht. Erst Jahre später tauchte sie wieder in meiner Erinnerung auf.

Ungefähr zu der Zeit, als ich befürchten musste, zum zweiten Mal abzustürzen, passierte es: Nicht, dass ich mich an einen bestimmten Zeitpunkt oder Auslöser erinnern würde. Langsam aber unüberhörbar wie ein Befehl behauptete sich ein Gedanke in meinem aufgewühlten Geist:

*Bevor du untergehst, schaue entschlossen in dein Inneres!*

So resigniert ich war, diese innere Botschaft musste und wollte ich als Aufforderung zum Nachhaken akzeptieren, auch wenn ich mir an fünf Fingern abzählen konnte, dass Nachhaken Schmerzliches zu Tage fördern würde. Doch jetzt war Entschlossenheit angesagt und nicht schon wieder ausweichen.

Das war der Beginn der Entlarvung meiner Ängste. Jetzt durfte es nur das eine Ziel geben, der Fratze der Angst zu widerstehen.

Die Überwindung war aufreibend. Appelle wie die folgenden musste ich mir regelrecht abringen, immer wieder:

*Wie lange willst du noch in deinem Jammertal herumkriechen? Dauert dir das nicht schon lange genug? Mich weiter von Angst klein halten lassen? Nein! Das hattest du lange genug. Jetzt reicht's. Du hast viel zu lange weggeschaut! Stell dich deinen Themen. Wenn die Angst dir das Drama deiner bleiernen Jahre eingebrockt hat, dann verhindere, dass sie dich nochmal in den Abgrund zieht. Entzieh der Angst ihre Substanz. Jetzt! Wie? Indem du dich nicht mehr mit ihr identifizierst. Deine Entschuldung hast du geschafft, dann schaffst du es jetzt auch wieder. Schau deine Ängste an. Raff dich auf, die Belohnung wird folgen. Hol dir Hilfe, wenn du sie brauchst. Du wirst sie finden, fängst du nur erst mal an zu suchen.*

Die Behauptung, ich wäre plötzlich zum Berserker mit Heldenstatus mutiert, wäre übertrieben. Aber immerhin bahnte sich ein aufmüpfig wilder Impuls in mein verletztes Gemüt, der stärker war als die Angst:

*Von dir lass ich mich nicht weiter massakrieren!*

Der erste Schritt ist immer das Eingeständnis der Angstrealität, der zweite, die Angst zu entlarven. Für mich jedenfalls gab es keine andere Alternative, um meine dunklen Zeiten endgültig hinter mir zu lassen.

Eine weitere Gesetzmäßigkeit müssen wir dringend berücksichtigen, wollen wir uns der Angst erfolgreich annähern: Dass wir nur dann Erfolg haben werden, wenn wir uns *nicht* mit der Angst identifizieren. Ich weiß, das ist wie mit dem lila Elefanten und lässt einen unter Umständen zuerst einmal ratlos, eventuell sogar ärgerlich zurück. Mir gelang es auch nicht einfach so, als wenn ich mich entschieden hätte, einen anderen Film einzulegen. Die Verführung, lieber der Resignation nachzugeben und der lästigen Konfrontation mit der Angst weiterhin auszuweichen, wechselten sich ab mit Entschlossenheit. Tatsächlich glich dieser Prozess manchmal einem inneren Ringkampf. Den Kampf habe ich gewonnen, jedenfalls nach Punkten.

Das war ein Sieg über die Angst! Ein Sieg, der nichts weniger bedeutet als das Durchschreiten eines goldenen Tores. Denn damit war für mich bestätigt, diese Quelle, dieser innere Aufrüttler, der mich buchstäblich vor meine Angst hin zwang, ist immer in *jedem* zu *jeder Zeit* da! Ich weiß, in manch verzweifelten Lage mag man gar nicht daran glauben, will vielleicht nichts davon hören. Trotzdem, seien wir uns dessen immer bewusst: Diese Quelle existiert. Suche nach ihr, und wenn du eine Ecke von ihr erhaschst, halte sie fest, bevor sie dir wieder entgleitet.

Dies ist eine *der* Botschaften meines Lebens, möglich geworden durch die Angst selbst. Denn nun, sobald ich mich auf den Weg machte, um gegen die Angst zu Felde zu ziehen, zeigte sich Unerwartetes: Kaum, dass ich den Ängsten gegenübertrat, folgte fast zeitgleich eine spürbare Erleichterung. Damit meine ich jene Art von befreiendem Gefühl, das jeder von uns schon gelegentlich kennengelernt haben dürfte, wenn es einmal gelang, sich zu einem unbequemen Schritt durchzuringen und erleichtert, vielleicht sogar stolz war über das erreichte Resultat, aber auch wegen des Triumph-Gefühls, lästige innere Widerstände überwunden zu haben. Widerstände etwa in Form von Verdrängung, Bequemlichkeit, „Aufschieberitis" u.ä. (alles Symptome der Angst).

Dieser Gesetzmäßigkeit verleihe ich den Namen `Lohn der Angst`.

Dass die Regel auch für massive Angstzustände wie etwa Depression gilt, hätte ich mir vorher nicht vorstellen können. Aber nun war sie zur Erfahrung geworden. Wahrlich eine verblüffende Quintessenz:

*Nähere dich bewusst und mit mutiger Wachheit der Angst, und ihre zerstörerische Wirkung beginnt zu bröckeln.*

Der vielleicht strapaziöse Akt, die Schwelle der Selbstüberwindung zu nehmen, bringt weit größeren Lohn als der, den unser manipulierter Geist mit seinem schalen Verführungsversuch uns einflüstern will, im Nachgeben und Aufgeben und im Verschieben auf Irgendwann läge unser ganzes Heil. Ich behaupte und belege es durch meine Erfahrung, die Methode beginnt zu wirken, sobald man damit beginnt. Das ist der Lohn für die Überwindung. Ein verdienter Lohn, denn künftig nicht mehr befürchten zu müssen, von der Angst aufgefressen zu werden („Angst essen Seele auf"), kann nicht hoch genug bewertet werden.

Eine Erkenntnis mit der Bedeutung einer Offenbarung. Ich gebe sie angereichert mit tiefer Freude an dich weiter.

Die wahre Quelle des Antriebes, der mich dazu dazu ermutigte, der Angst entgegenzutreten, kann, muss nicht unbedingt offen zutage treten. Es steht uns frei, an sie glauben oder nicht oder welchen Namen wir ihr geben. Es liegt ganz allein an uns, wie lange wir sie im Verborgenen schlummern lassen. Dass mentale, spirituelle Bemühungen, Gebete usw. verborgene Kräfte frei zu setzen in der Lage sind, hat viel mit dem Geheimnis der Macht des Vertrauens zu tun. Vieles deutet darauf hin, dass wir mehr Einflussmöglichkeiten besitzen, als wir glauben, auch wenn wir von dem dahinter schlummernden Geheimnis kaum eine Vorstellung haben! Erlebte ich nicht schon eine Ahnung von ihnen, spätestens damals am Münchener Flughafen, als ich mich von Amma in einer Art ertappt fühlte, die mir geheimnisvoll vorkam?

Es genügt, einfach auf die Impulse zu achten, oder nenne sie Botschaften. Ich versichere euch, es gibt so viele Botschaften auf unserem Weg, dass man von einem Jahrmarkt sprechen kann, einem Jahrmarkt der Botschaften!

Was meine Aufzeichnungen über Angst generell betrifft, möchte ich nicht falsch verstanden werden. Angst wird in verschiedenen Quellen als der zweite Part der Dualität in der Schöpfung beschrieben, neben der Liebe. So gesehen hebt die Angst die Welt aus den Fugen und die Liebe kann sie wieder zusammenkitten. Natürlich ist mir diese Nummer entschieden zu groß und ich beziehe mich wie gesagt lediglich auf meine eigenen diesbezüglichen Erfahrungen. Meine kleine persönliche Welt geriet allerdings aus den Fugen und die Liebe hat sie wieder zusammengekittet!

Ganz außen vor lasse ich die Kategorie von Angst, die uns schützt und unser Überleben sichert.

Auch wenn meine Behandlung des Überthemas Angst nur ein mikroskopisch kleiner Ausschnitt sein kann, mein persönliches Fazit über die Entlarvung der Angst ist überwältigend:

*Aus Angst heraus zu Zuversicht zu gelangen, ist gleichbedeutend mit der Zunahme inneren Friedens und ist mit Gold nicht aufzuwiegen!*

*Belohnung durch Beharrlichkeit*

Als ich mich mit der Idee beschäftigte, aus meinen Erinnerungen, Notizen und Tagebüchern ein Buch entstehen zu lassen, stellte ich mir die Frage, welches Thema sich mir als erstes aufdrängt. Die Bedeutung des *Hinschauens* war es. Hinschauen im Sinne von: die inneren Widersacher konfrontieren.

*„Das Leben beginnt da, wo deine Bequemlichkeitssphäre aufhört."*[15]

Dem ist nichts hinzuzufügen.

---

[15] (Walsch N. D., Freundschaft mit Gott, S. 227 )

Der erste Schritt der Selbsterforschung ist der Blick in den mentalen Spiegel. Dort sah mich einer an, der mir penetrante Fragen stellte:

*Aufgrund welchen Verhaltens konntest du nur so tief abstützen? Welche Entscheidungen trafst du aus welchen Gründen? Welche warnenden Hinweise schlugst du in den Wind und warum? Wann und warum hast du es vermieden, zu den ersten, zweiten und dritten Antworten vorzustoßen? Wieso ignoriertest du Intuition und Gefühle? Durch welche Umstände fandst du aus dem Schlamassel heraus? Welche konkreten, einzelnen Schritte waren gefragt? Wer oder was griff ein? Spielten Erwartungen eine Rolle, fremde wie eigene? Hattest du Bedingungen zu erfüllen und wenn ja, welche?*

Diese Liste ist *meine* Liste. Jeder darf seine eigene erstellen und sollte das auch in seinem eigenen Interesse. Was immer uns dabei umtreibt, ob Leid, Schmerz, Stress, Ärger, Angewidert sein, in welcher Lage wir uns auch befinden mögen, es wird immer in etwa auf dasselbe hinauslaufen müssen: Unerschrocken hinzuschauen um aufzudecken, was im Verborgenen steckt und das wir dort selbst versteckt haben, meistens, um Schmerzen und eigenen Unzulänglichkeiten aus dem Wege zu gehen.

Welche entscheidenden Einflüsse meinen Lebensweg bestimmten, beschrieb ich ausführlich. Dass sie mal bestürzend waren und mal wie Balsam in mein Seelenleben träufelten. Letztendlich blieb alles irgendwie unerklärlich, geheimnisvoll. Wie etwa bei der Frage, ob es Zufälle gibt. Hilfe hatte ich verständlicherweise sehnlichst erhofft, an manche Erfüllungen hätte ich vor ihrem Eintreffen nie und nimmer geglaubt. Da gab es überwältigende

Begegnungen und Einsichten, die mir zu neuem Lebensmut verhalfen. Sie wurden mein Leuchtturm, der mir die Richtung wies, wenn mir dunkle Hoffnungslosigkeit den Blick vernebelte.

Ergebnisse wie diese bringe ich eindeutig in Verbindung mit meinem Entschluss, mich dem ins Stocken Geratenen, dem Verharren, der stets im Innern lauernden Ignoranz und Resignation, auch der Bequemlichkeit nicht zu ergeben, sondern mich immer wieder aufzuraffen. Wieder zeigte sich darin das Prinzip: Geh ein paar Schritte und die Hilfe kommt dir entgegen.

Das bedarf der Beharrlichkeit, Sie gelingt durch die Verankerung der Gewohnheit, unsere *inneren* Dynamiken aufmerksam zu beobachten, denn sie bestimmen unser Verhalten im Äusseren und somit unser Wohlbefinden. Das ist meines Erachtens der wesentlichste Part der Selbsterforschung. Sind wir dabei aufrichtig, können wir uns ganz neue Seiten unseres Lebens erschließen, aus denen heraus sich unser Alltag freier gestalten und erweitern lässt. Wir erschließen uns buchstäblich neue *innere Räume* und das zieht zwangsläufig die Erschließung neuer äußerer Räume nach sich.

Es entspricht meiner Erfahrung, dass wir auf der inneren Selbsterforschungstour unzählige offene Türen vorfinden. Dafür müssen wir uns nicht gleich der Magie bedienen (es sei denn, wir definieren den Begriff der Magie griffiger) oder gar befürchten, dass es diese Pforten nur im Jenseitigen für uns gibt. Ich bin mir sicher, wir haben sie jederzeit direkt vor unserer Nase. Unser Blick in den Spiegel beendet das Versteckspiel des Ignorierens und die hinterlistigen Ablenkungsmanöver unseres Egos. Über kurz oder lang wirst du es erleben: Sich selbst anzuschauen heißt Begrenzungen einzureißen. Das wäre eine Definition für Wachstum! Was für eine Fülle an Quellen zur Bereicherung unseres Alltages sich uns damit eröffnet! Wenn ich bedenke, welche abgründigen Umstände in meinem Leben Einzug hielten, nur weil ich zu gegebener Zeit nicht hinsehen wollte - manche davon habe ich meine Hölle genannt! Wie viel Leid und Chaos entstehen in der Gesellschaft, und die besteht ja bekanntlich aus uns Einzelnen, weil nicht hingeschaut wird und klugerweise gebietet es sich, lieber bei sich selbst zu beginnen, bevor wir mit dem Finger auf andere zeigen.

Lassen wir uns nicht entmutigen. Die Belohnung ist unbeschreiblich hoch:

*Der Angst vor dem Blick in unser Inneres räumen wir ein viel zu hohes Gewicht ein!*

*Gleichzeitig unterschätzen wir die unermesslich bereichernde Wirkung des aktiven und aufmerksamen Konfrontierens unserer Ängste.*

*Die damit vergebenen Chancen zementieren nicht selten Tragödien, nutzen wir sie, verhindern wir nicht nur Tragödien, wir erleben alles, was mit Glück umschrieben werden kann.*

Manchmal könnte man aufschreien vor Enttäuschung und Empörung darüber, wie umfangreich und leichtfertig weggeschaut wird, bei uns selbst wie bei den anderen. Die Gründe hierfür sind zahllos. Wegschauen ist ein Generalproblem seit Menschengedenken. (Wie war das zurzeit Jesu?) Allein das zwanzigste Jahrhundert aber reicht zur Genüge als Anschauungsmaterial, ja sogar die paar Jahre im neuen Jahrhundert! Den gesellschaftlichen und politischen Kontext des Wegschauens zu behandeln würde diesen Rahmen und meine Möglichkeiten bei weitem sprengen. Nur ein paar persönliche Gedanken dazu:

Was würde sich verändern, würde sich jeder von uns angewöhnen, regelmäßig zu den inneren Quellen der Ängste vorzudringen, um sie freizulassen? Bei sich selbst zu beginnen, anstatt bei der Bewertung von Missständen auf andere zu zeigen oder den Umständen die Schuld zu geben, wäre ein unschätzbar wertvoller Beitrag zu einem friedvolleren Zusammenleben. Wie würde sich Individuum und als Folge die Gesellschaft mit dem ganzen Gefüge von Politik, Wirtschaft, Sozialem, Bildung usw. wandeln? Würde es jeder tun, hätten wir den Himmel auf Erden. Würden es wenigstens einige mehr tun als bisher, wäre unsere Welt auch schon eine andere. Würden nur wir als Einzelner damit beginnen, würde auch das die Welt verändern, weil etwas bewegt werden würde, das vorher nicht bewegt worden war; für diese eine Person hätte sich ihre Welt, weil ihr Leben, verändert. Warum bitte (um alles in der Welt!) sollten wir dann nicht umgehend damit beginnen? Ja, es ist ein Wagnis, aber ein so kleines, wenn wir es in Relation setzen zum unvergleichlich kostbaren Resultat.

Schon beim noch zögerlichen, argwöhnischen ersten Versuch, mir freimütiger – frei mutig - beim Leben zuzuschauen, geriet ich ins Staunen. Die folgende Zusammenfassung meiner damaligen ersten „Entdeckungen" geben einen Eindruck davon:

Wachsam hinschauen kann anfangs unbequem sein, ja, aber sobald wir den ersten Blick aushalten, weicht der Druck unweigerlich einer Erleichterung! Hinschauen erhöht Bewusstheit! Hinschauen erfrischt. Hinschauen befreit! Hinschauen kann erheitern.

Hinschauen öffnet Türen, neue Wege und neue Räume. Wachsamkeit gegenüber den inneren Vorgängen löst und verhindert Konflikte. Hinschauen erleichtert unseren Alltag. Hinschauen verbessert unsere Beziehungen. Hinschauen hebt uns über Grenzen hinweg, die man vielleicht fürchtete. Hinschauen fördert Wachstum.

Selbsterforschung befreit versperrte Wahrheit. Selbsterforschung heilt!

Durch Nichthinschauen aber bleibt uns der Ballast erhalten und verlängert Stress und Belastung, verstärkt das Leid und erzeugt neues.

Einmal die Überwindung gewagt, den Mut aufgebracht, vor den Spiegel zu treten, läßt es uns beim nächsten Mal schon um vieles leichter fallen, weil wir uns dann bereits auf die Erfahrung berufen können:

*Das letzte Mal hast du das auch durchgestanden und wurdest sogar dafür belohnt.*

Ist dieser erste Schritt geschafft, startet unweigerlich eine Positivspirale, wo vorher womöglich noch ein Teufelskreis seine zerstörerische Wirkung entfaltete. Denn zu entdecken, was sich hinter der ersten, zweiten, dritten Angstgrenze auftut, in aller Regel nämlich mitnichten irgendetwas Unerträgliches, beschert uns wiederum eine Belohnung, nämlich hinzugewonnene Freiheit. Wo wir bisher „dort hinten" noch eklige Ungeziefer fürchteten, erkennen wir nun ihre Hohlheit und Besiegbarkeit und dass sie keinen Bestand haben. Auf einmal erscheinen uns die versteckten Biester flüchtig wie ein Morgennebel. Nur Eines ist von uns gefordert: Damit zu beginnen!

Wie immer gilt bei der Auseinandersetzung mit unseren Ängsten, dass sie bei jedem Individuum spezifisch ablaufen. Natürlich kann man bei der Innenschau auch an Schmerzgrenzen und Abgründe gelangen und in solchen Fällen darf man sich nicht scheuen, fremde Hilfe in Anspruch zu nehmen. Nur eines sollte man auf keinen Fall tun: Nichts!

Die Empfehlung, die Ursachen jeglicher Angstvariationen zuerst in uns selbst zu suchen, ist und bleibt ein immer gültiger und in seiner positiven Wirksamkeit bewiesener Grundsatz. Warum sollten wir damit warten? Um das Leiden zu verlängern? Das grenzte ja an Selbstverstümmelung.

Als ich mich wie von einer Riesenfaust gepackt nach unten gedrückt, ich mich dem Karussell der Hilflosigkeit ausgeliefert fühlte, erfüllte mich die Überwindung, bei mir selbst nach den Ursachen zu forschen, umgehend mit Energie, die neue Kräfte freisetzte. Die Vorteile dieses Grundsatzes bestätigen sich immer wieder von selbst: Wenn ich mich stelle, ist ein Anfang gemacht. Ein wahrer Schatz an Erfahrung!

Es existiert noch ein unschlagbares Argument für die Selbsterforschung:

Der Umstand, der uns zum Blick in den Spiegel drängt, trägt immer bereits den Hinweis zu seiner Beseitigung mit im Gepäck.

Dafür muss man nur den Lichtkegel unserer Aufmerksamkeit gezielt auf das auslösende Thema richten. Leiden, Hilflosigkeit, Ärger usw. machen uns nicht nur auf die Notwendigkeit aufmerksam, *dass* wir etwas ändern sollten, sondern auch *was* wir ändern können. So gesehen sollten wir die lästigen Umstände geradezu willkommen heißen, liefern sie uns doch wertvolle Informationen, rütteln uns wach, geben Anstöße zur Konfliktlösung. Was am Ende herauskommt, ist nichts weniger als eine höhere Lebensqualität. Eine Bemerkung über Belohnung erübrigt sich.

Je konfliktgeladener das Thema, umso größer die Herausforderung, das ist wohl wahr. Aber um wie viel mehr Kraft, Energie, Nerven und Zeitaufwand werden wir beraubt, wenn wir ungelöste Fragen, Kummer, Spannungen mit uns herumschleppen, sie schwelen lassen und sie ihrer eigenen Dynamik überlassen. Dann können sie sich zu unbeherrschbaren Dämonen aufschaukeln, was nur eines bedeutet: Verlust! Verlust an Energie, an Freude, an Glück und Erfolg, Geld, Klarheit und Wahrheit, an Gesundheit, von Freundschaften, an Freiheit und nicht selten sogar Verlust des Lebens. Und ich mache an dieser Stelle schon auf die Fülle an Hilfsangeboten aufmerksam, die nur darauf warten, von uns angenommen zu werden.

Mann-o-mann, ich würde das nicht einfach so hinschreiben, wenn ich es nicht am eigenen Leib erlebt hätte!

Eine sehr verbreitete und leichtfertig vernachlässigte Variante des Unterbutterns anstehenden Klärungsbedarfs führt zu einer Ressourcenverschwendung in gigantischem Ausmaß: Das sind die gesellschaftlich sanktionierten geistlosen Allgemeinplätze.

Sprüche wie:

*Man wird halt älter. Ab fünfzig geht's bergab ( 30, 40...). In deinem Alter... . Dafür bin ich zu jung, zu klein, zu dick. Ist mir doch egal. Ich hab, du hast, ... keine Ahnung. Das schaff ich nie. Das packst du nie. Das war schon immer so. Das haben wir noch nie so gemacht. Buben/Mädchen können dies nicht. Frauen/Männer machen das nicht.*

Und am meisten rege ich mich auf über den:

*Das tut man nicht.*

Bei dem könnte ich mir die Haare raufen.

Dann diese Krankbeterei! Was wird nicht tagtäglich alles unternommen, um sich krank zu reden:

*Das macht mich krank! Ich werd verrückt. Ich dreh durch. Ich habe Rücken. Sport ist Mord. Ich bin ein Rheuma-Typ. Ich bin Allergiker. Bin erblich vorbelastet. Mir helfen nur noch Pillen. Bei mir ist Hopfen und Malz verloren. Mir schmeckts halt (Zigaretten, Alkohol). Das Leben ist... Das Leben ist kein ... Bei dem Wetter ist die Erkältung nicht weit. Zu heiß, zu kalt, zu dick, zu dünn.*

Was wir mit diesem kleinen Wörtchen „zu" alles anstellen! Es gibt tausende Varianten.

Und warum lassen wir uns immer wieder ein auf diese sinn- und gedankenlose und faule Verschiebung unserer Emotionen auf Tiere:

*Ich armes ..., diese dumme .... ,dieser blöde ...*

Abgesehen von dem damit ausgelösten mentalen Schaden – nicht selten ist das nichts anderes als Selbstverstümmelung und Ausdruck von Aggression - was tun wir nur diesen Tieren damit an? Sie haben es nicht verdient!

In erschreckend vielfältigen Variationen von Geistlosigkeit lassen wir zu, dass sich diese nutzlosen Gewohnheiten wie die sprichwörtliche Laus in unseren Pelz einnisten und dort hegen wir sie so ergeben, als wären sie ein amüsanter Gag. Die sind auch deshalb so fies, weil sie allzu gerne in Verkleidung cooler Sprücheklopferei zum Besten gegeben werden. Mich erstaunt immer wieder, wie blindlings davon ausgegangen wird, dass niemand diese listige Kaschierung der eigenen Unzulänglichkeit durchschaut. Wie kommen wir nur auf die absurde Idee, diese Urteile, und um nichts anderes handelt es sich dabei, würden in ihren gebetsmühlenartigen Wiederholungen ohne Wirkung bleiben? Zehn, zwanzig, dreißig Jahre Dauerberieselung, da braucht sich niemand zu wundern, wenn es dann auch so kommt.

Richten wir den Scheinwerfer unserer Selbsterforschung noch auf eine ganz andere Gefährdung unserer Selbstbestimmung. Auch sie wird gleichgültig hingenommen wie ein kollektives Achselzucken. Ein Phänomen, das massenweise von einzelnen Personen, Gruppen und Institutionen über uns ausgeschüttet wird, um uns gezielt zu Handlungen zu veranlassen, die nicht uns, sondern nur den anderen nützlich sind. Die größte List wenden die Unternehmen an. Unter Einsatz subtilsten Methoden der Versprechung, Manipulation, des öffentlichen Drucks und nicht selten sogar der Erpressung versuchen sie uns einzureden, was gut für uns sei. Natürlich mit schamlos selbstsüchtigen Motiven. Leider sind sie äusserst erfolgreich dabei.

*Wenn es nicht nützlich für uns ist, heißt das nichts anderes, als dass man uns gerade unserer Freiheit berauben will.*

Wachheit ist das Mittel, dem Treiben Einhalt zu gebieten. Ein „Moment mal", ein „Stopp", und wir haben mal wieder verhindert, anderen auf den Leim zu gehen.

Der resignierenden Haltung „kann man doch nichts machen" halte ich dagegen: Seien wir hellwach und seien wir uns darüber im Klaren, dass die herrschende Meinung, die man heute geistlos Mainstream nennt, Methode hat. Aber, Freunde der Täuschung und Tarnung, wir haben ein Mittel gegen eure Machenschaften: Unsere Entscheidungsfreiheit. Die könnt selbst ihr uns nicht nehmen. Wir können selbst am besten beurteilen, was gut für uns ist. Schauen wir also auch unter diesem Gesichtspunkt wacher hin. An dem latent lauen Gefühl, das die Beeinflussungsmaschinerie in aller Regel in uns verursacht, können wir sie entlarven, um den Stopp zu befehlen; den anderen, und uns selbst - und uns dann für unsere eigene Wahrheit entscheiden. Um vor diesen Gaunereien geschützt zu sein, brauchen wir nur unserem Gespür zu folgen:

*Vermittelt mir etwas ein flaues Gefühl? Will ich, brauch ich das jetzt? Stimmt mich etwas ärgerlich? Bin ich versucht, eine Entscheidung gegen meinen Willen zu treffen? Fühle ich mich irgendwie unter Druck?*

Dann zieh dem Karussell, das sich gerade zu drehen beginnt, den Stecker. Unter Anwendung unseres Unterscheidungsvermögens können wir uns fragen

*Wem nützt das? Will ich das? Will ich so sein? Will ich zu denen oder zu den anderen gehören?*

Und vor allem:

*Geht das auf Kosten meiner Freiheit?*

Oder - von höchster Stelle empfohlen:

*Was würde die Liebe tun? (Walsch; Gespräche mit Gott)*

Die allgegenwärtige technologische Vergewaltigung, von der selbst ein Georg Orwell nicht die blasseste Vorstellung hatte, frisst unsere Freiheit, wenn wir uns nicht endlich auf unser Recht auf Selbstbestimmung besinnen. Auch diese Besinnung gehört zum Thema Selbsterforschung. Mir ist bewusst, dass mit äußerst perfiden Methoden gearbeitet wird. Das heißt aber noch lange nicht, dass wir allen Machenschaften hilflos ausgeliefert sind. Laßt uns von der Gewissheit ausgehen, dass wir eine Menge zum Erhalt unserer eigenen Freiheit tun können.

Naivität? Die kann auch mal sehr erfrischend sein. Ich wolle das Konsumieren mit schlechtem Gewissen verbinden? Argumente der Ertappten. Kaufen wir, was uns Spaß macht. Aber verkaufen wir im Tausch dabei nicht unsere Freiheit. Und sich über Gefahren für unsere individuelle Freiheit und Gesundheit Gedanken zu machen, hat nichts mit Naivität zu tun. Wir können Nein sagen. Wir können Ja sagen. Wir sind mit dem Geburtsrecht der Entscheidungsfreiheit ausgestattet. Ein Hoch dem Erfinder des Ganzen!

Um nochmal klar herauszuheben, um was es mir geht, sei an dieser Stelle ruhig gesagt, dass man etwas auch mal anschaffen kann und soll, einfach um Freude daran zu haben, unabhängig von jeder Vernünftelei. Habe ich durch eine Anschaffung echte Freude oder Nutzen, gebe ich auch keine Freiheit drein. Die Betonung liegt auf *Freude* und *Nutzen*. Beim Beurteilen hilft das Hinterfragen. Hinterfragen ist Selbsterforschung. Hinterfragen zeugt von Wachheit. Darum geht es mir. Hätte ich mich damals bei der Unternehmensgründung nur – hinterfragt.

Selbstbestimmung ist unser Lebensrecht. Sie steht uns zu und wir dürfen sie getrost einfordern und verteidigen. Ich bin sogar der Meinung, wir sind dazu verpflichtet dies zu tun. Was wir zur Verteidigung unserer Selbstbestimmung benötigen, ist ein Mindestmaß an aktiver Aufmerksamkeit. Anders kommen wir den Bequemlichkeitsfallen nicht bei. Vor diesen Hintergründen muss Tatenlosigkeit als Verstoß gegen den Schöpfungsauftrag erscheinen. Nennt das die Religion Sünde? Würde passen!

Es heißt also, aktiver zu werden. Immer können wir damit *jetzt* beginnen. Man kann übrigens auch mit voller Berechtigung bestimmten Leuten einfach den Rücken kehren, wenn sie uns daran hindern wollen, unseren, etwa von ihrer Gruppe abweichenden, eigenen Weg einzuschlagen! Es wäre nichts als Klugheit. In „Gespräche mit Gott" erhalten wir Aussagen über diese Art klugen Verhaltens in kristallener Klarheit:

*„Gruppenbewusstsein ist machtvoll und produziert Ergebnisse von unbeschreiblicher Schönheit oder Hässlichkeit. Es ist immer deine Wahl. Wenn du mit dem Bewusstsein deiner Gruppe nicht einverstanden bist, dann trachte danach, es zu verändern. Und am besten kannst du das Bewusstsein anderer durch dein Beispiel verändern. Wenn dein Beispiel nicht ausreicht, bilde deine eigene Gruppe..."* [16]

Machen wir uns die Entlarvung der Bequemlichkeitsdämonen, der am Ego Erkrankten und Teufelskreis-Anschieber zur täglichen Gewohnheit, am besten zu einem Teil unseres Verhaltens!

Und übrigens:

*„Nie ereignete sich irgendeine Art von Evolution durch Verweigerung."* [17]

Meine Erfahrung damit: Der Gewinn ist uns sicher. Wir sind unbelasteter, mutiger, flexibler, gesünder, beliebter, liebender, glücklicher, erfolgreicher, kreativer und freier!

Selbsterforschung kann eine ganze Menge zu unserer persönlichen Freiheit beitragen.

---

[16] G.m.G. Bd. 2, S. 94

[17] G.m.G., Bd. 2, S.128/129

„ ... wir sollten uns bewusst sein, dass Demut und Geduld die Grundpfeiler des Lebens sind. Die vielen Konflikte in der Gesellschaft entstehen daraus, dass diese Einsicht momentan fehlt. ... Die heutige Welt ist zum Schlachtfeld geworden und eine solche Welt kennt keine Verwandten, Freunde oder nahestehenden Menschen, sondern nur Feinde, die einander vernichten wollen. ... Viele Menschen haben es sich zur Aufgabe gemacht, selbstsüchtig und arrogant zu sein ... . Daher versucht Geduld, Liebe und gegenseitiges Vertrauen zu entwickeln.“ [18]

Die Bedeutung des Vertrauens als Grundhaltung ist unermesslich für unser Leben. Vertrauen ist ein Instrument zum Glücklichsein. Vertrauen ist untrennbar verknüpft mit Dankbarkeit, Mitgefühl, Liebe.

Einen Funken davon erfuhr ich spätestens nach meinen emotional aufgeladenen „Anrufen" nach ganz oben und zwar gleich in zweierlei Hinsicht. Einmal was die Vorgehensweise betraf, also wie wir IHM/IHR/DEM gegenübertreten dürfen, nämlich immer so, wie wir uns gerade fühlen. Anschaulich wurde das für mich spätestens, als ich realisierte, dass mir `keiner` den Kopf gewaschen hat, als ich „Ahnungsloser" aus der Not eines Moments heraus spontan und ohne jede rituelle Vorbereitung drauf los zeterte. Und zweitens in Bezug auf die Wirkung, auch wenn eine Antwort nicht immer

---

[18] Mata Amritanandamayi, Reinige unser Herz; S. 73

umgehend bei mir ankam. Dass aber über kurz oder lang etwas in Bewegung kommt, ist heute Teil meines Erfahrungsschatzes. Wenn das keine Gründe sind, um sich um eine starke Vertrauensbasis nachhaltig zu bemühen!

Wenn wir glauben, nicht vertrauen zu können, tun wir so, als ob wir es können (später mehr darüber). Allein die Entscheidung dazu vermittelt schon eine positive Energie. Starte die Probe aufs Exempel. Du wirst bald bemerken, dass es funktioniert. Wo erhalten wir schon die Gelegenheit, uns alles so ungeniert von der Seele zu reden. Wen oder was müssten wir auch fürchten, wenn wir ungestört unserer eigenen Stimme, uns selbst, dabei zuhören, wie wir unser Trübsal aus der Verdrängung entlassen, Themen an die Oberfläche heben, die wir vorher vielleicht scheuten wie der Teufel das Weihwasser. Welchen Grund gäbe es, auf die ewig geöffneten Arme der Vorsehung zu verzichten?

Vertrauen ist ohne Alternative!

Wenn dir nach Weinen zumute ist, weine. Wenn du wütend bist, dann suche erst recht die offenen Arme! Lass dich wie ich überraschen, wie gut es tut, den hohen Mächten den ganzen Stress vor die Füße zu werfen, ihnen mal so richtig die Meinung zu sagen. Im Grunde sagen wir sowieso nur uns selbst die Meinung.

Aber Vorsicht mit der Wut! Wende sie niemals gegen dich und niemals gegen andere, „da oben" aber ist sie bestens aufgehoben.

Was tun wir im Grunde, wenn wir uns ins Vertrauen begeben? Wir übergeben uns einer höheren

Macht. Sich ihr hinzugeben, erfordert keine Rücksicht auf Tabus! Vergiss alle Regeln, Vorschriften, Peinlichkeiten, Scham und vor allem, hau vorher dein schlechtes Gewissen in die Tonne! Vertrau einfach!

Nichts gegen bestimmte Rituale, doch wenn du in Not bist, kümmere dich später um sie. Es gibt nichts zu befürchten, aber viel zu gewinnen. Gott straft nicht. Gott verzeiht auf immer. Gott ist unbeleidigbar, unverletzbar. Verletzbar sind nur wir. Beleidigbar sind nur wir.

Ich rang mich damals zum Schritt vor den inneren Altar durch, als mir in der Not nichts „besseres" mehr einfiel. Ich entschloss mich, in der ganzen Verzweiflung es mit Vertrauen zu versuchen, auch wenn ich dachte, ich kann gar nicht vertrauen. War es auch so winzig wie ein Stecknadelkopf, das Experiment wurde schlussendlich gerechtfertigt.

*Meine* ganz eigene Art und Weise gefunden zu haben, um eine Verbindung herzustellen zu einer „Stelle", die irgendwie jenseits meines Verstandes zu liegen scheint, entsprach einem wahren Befreiungsakt. Ob man das Beten nennt oder Zwiegespräch mit sich selbst oder sonst irgendwie ist unwichtig. Auch was das ist, was ich eine „Stelle" genannt habe und ob das außerhalb von uns oder in uns liegt, scheint mir in diesem Zusammenhang unerheblich zu sein. Auf den aktiven Schritt, vertrauen *zu wollen*, kommt es an.

Mich in der Absicht zu üben, so oft wie möglich ins Vertrauen zu gehen, ist mir zur geliebten Gewohnheit geworden. Allein dieser Akt des Willens beförderte eine spürbare Erfrischung in meinen Geist und hat mich ganz unerwartet von unnützen Altlasten befreit, wie zum Beispiel den Gewissensbissen.

Ich wollte vertrauen, konnte es nicht, vertraute trotzdem (ich tat so als ob), das Vertrauen begann zu wachsen. Ein spannendes Experiment.

Wenn du dabei versuchst, deinen nörgelnden Verstand außen vorzulassen, wird dir ganz Außerordentliches widerfahren, etwas, worauf du möglicherweise gar nicht gleich kommst:

Das, was du glaubst nicht zu besitzen, spielt bei der Entscheidung, es (trotzdem) zu tun, bereits mit. Allein die Absicht, unabhängig von der Qualität unseres Vertrauens, setzt schon ein Räderwerk in Gang, das uns unvermeidlich in die universelle Sphäre des Vertrauens gelangen lässt; ein Präsent des Himmels.

Ist das nicht magisch? Und wenn uns wie nebenbei bewusst wird, dass wir doch irgendwie begleitet sind, ist das dann nicht doppelt magisch?

Mir ging es so, warum soll es bei dir nicht so sein? Ich hatte damals keinen Plan, keine Liste zum Abhaken oder dergleichen. Eher habe ich mich in Ermangelung dessen hineingewurschtelt in das Experiment, in der Hoffnung, einen Ausweg aus der Verzweiflung zu finden. Hat letztlich auch funktioniert. Ich möchte aber dazu anregen, den zügigeren Weg zu nehmen: Den Weg des absichtlichen Vertrauens.

Letztendlich führt die aufrichtige Absicht, zu vertrauen oder zu mehr Vertrauen finden zu wollen, zwangsläufig zu uns selbst, egal wie weit wir glauben, vom Vertrauen-können entfernt zu sein. Wir kommen um die zwingende Logik nicht herum, dass, je mehr wir vertrauen, umso stabiler unser Selbstvertrauen wird und je fester unser Selbstvertrauen, umso befriedigender, effektiver unser Handeln sein wird. Ist das Motivation genug, um sich um ein gesundes Vertrauen zu bemühen?

Lasst euch einmal mitnehmen in ein Gedankenexperiment. Stellen wir uns vor, unsere alltäglichen Entscheidungen gelängen uns zu einem bestimmten Grad erfolgreicher als zuvor, weil wir zum Beispiel zehn Prozent mehr Vertrauen in unsere Entscheidungen investiert haben. Ich weiß, ein bestimmter Prozentsatz in einem solchen Zusammenhang ist eigentlich albern. Das Beispiel mit den Prozenten soll der Verdeutlichung dienen. Mir geht es um einen vorstellbaren Grad der Intensivierung unseres Vertrauens im Vergleich zu vorher. Unser Alltag ist nun mal das Spielfeld unseres Lebens.

Frage: Wie fühlen wir uns bei der Vorstellung, um zehn Prozent seien unsere Resultate erfolgreicher? Und bei zwanzig Prozent? Und bei fünfzig? Spannende Vorstellung, oder? Setzt das Spiel nach eurer eigenen Vorstellung fort.
Stellen wir uns weiter vor, es gibt eine Instanz, auf die uneingeschränkt Verlass ist. Die bedingungslos zur Verfügung steht, wenn wir sie brauchen. Uns immer erhört, wenn wir zu ihr flehen oder bitten. Vielleicht in der Art, wie es in unserer Kindheit unsere Mutter für uns war. Mit welch einer Sicherheit und Zuversicht wir uns dann reinstürzen würden in unsere Aktivitäten. Probleme, Hindernisse, Rückschläge, nichts würde uns aufhalten können, weil wir wüssten, wir wären immer getragen, ver-

standen und geschützt. Wir würden immer sicher zum Ziel finden. Stellen wir uns weiter vor, wir könnten bereits auf diese beglückende Erfahrung zurückgreifen, welch eine kraftvolle, schöpferische Zielstrebigkeit würden wir entwickeln! Genau dieses prickelnde Geschenk wartet nur darauf, von uns ausgepackt zu werden.

Ich kann meine Erfahrung zur Verfügung stellen: Mein willentlich gesteigertes Vertrauen in das, was ich in Ermangelung treffenderer Namen Instanz nannte, zauberte erstaunliche und durch und durch positive Veränderungen in meinen damals wirren Alltag.

Hätte ich bei der Frage, ob ich mich an der Unternehmensgründung beteiligen solle, ein gesundes Vertrauen in meine klare Entscheidungsfähigkeit gehabt, hätte ich meine leise Skepsis zum Anlass genommen, abzulehnen. Welch eine Qual hätte ich mir über die anschließenden Jahre erspart! Und wenn ich diese erste heikle Entscheidung der GmbH-Gründung nicht verhindert hätte, so wäre mir ein gesundes Selbstvertrauen ganz sicher eine große Hilfe dabei gewesen, die Folgen danach weit effektiver und schneller zu bewältigen. Wahrscheinlich hätte ich meine über Jahre anhaltenden Selbstzerwürfnisse sogar von vornherein verhindert. Das ist natürlich spekulativ, aber so viel ist sicher, mit meiner heutigen Erfahrung in Punkto Vertrauen wäre mein Leben vollkommen anders verlaufen.

Wenn ich mich an die teils erpresserischen Methoden einer Bank zurückerinnere, könnte mir heute noch der Kamm schwellen. Der Filialleiter einer großen deutschen Geschäftsbank legte uns ein

Formular für eine unbegrenzte (!) Bürgschaft vor. Dies anlässlich von Kreditverhandlungen, ohne weitere Erklärung und ohne mit der Wimper zu zucken. Später erfuhr ich, dass solch eine Praxis illegal ist! Das wusste ich nicht, empfand die Vorgehensweise des Bankers aber trotzdem als höchst fragwürdig. Natürlich muss die Frage erlaubt sein, wieso ich `so doof` war und unterschrieben habe. Ich habe mich das später auch gefragt. Aber vor allem plagte ich mich jahrelang mit dem Selbstvorwurf herum, weshalb ich das Papier nicht in tausend Fetzen zerrissen dem Filialleiter auf seinen Schreibtisch gepfeffert habe. Die glasklare Antwort: Ich stand nicht zu mir selbst. Ohne Vertrauen haben wir eine Menge Nachteile. Ist meine Geschichte Hinweis genug?

Im Prozess der Vertrauensfindung müssen wir selektiv vorgehen, um erfolgreich zu sein. Unser `tue es` hängt von der Intensität unseres Willens ab. Durch ihn treiben wir unsere Entscheidungen voran – oder wir bremsen sie. Das heißt, dass wir uns nachdrücklich entscheiden müssen, vertrauen zu *wollen*. Für den einen oder anderen von uns kann dies ein neuralgischer Moment sein, denn er gerät möglicherweise dadurch in die Zwickmühle, wenn etwa ein übler „Ego-Scherz" ihm einflüstert, er könne nicht vertrauen, er könne nicht beten.

Du kannst nicht vertrauen, nicht beten? Dann nimm in dein Gebet auf, dass du es kannst:

*Herrgott nochmal, ich weiß nicht, wie man betet. Konnte noch nie beten.*

*Jetzt **will** ich aber etwas ändern in meinem Leben, jetzt will ich aber beten können.*

*Ich weiß nicht wie man vertraut. Konnte noch nie wirklich vertrauen. Jetzt* **will** *ich aber vertrauen können.*

*Und dies ist meine für immer gültige Entscheidung und für die bitte ich um Kraft und um Klarheit und um Beistand.* **Ich will!**

Warum nicht? Es geht doch nicht immer gleich um das Ja-Wort vor dem Traualtar. Niemand tadelt dich dafür, aber du kannst dir sicher sein, dass deine Rufe auf fruchtbaren Boden fallen, du vielleicht sogar Bewunderung in der einen oder anderen Art erntest. Möglicherweise bewunderst du dich dann selbst – und womit? Mit Recht!

Wir wissen inzwischen: Die Instanz, die den fruchtbaren Boden bestellt, ist schon aktiv, bevor wir mit unserem Rufen fertig sind! Diese Erfahrung ist eine der bedeutungsvollsten und beglückendsten in meinem ganzen Leben. Aber es ist wie mit allem im Leben: Erfahrungen machen wir nur, wenn wir beginnen. In diesem Fall mit der Vertrauensarbeit.

*Gottvertrauen ist gleich Selbstvertrauen. Selbstvertrauen ist gleich Gottvertrauen.*

Auch in diesem Zusammenhang hat mir eine Aussage Ammas erstaunt und weitergeholfen: Wir seien in letzter Wirklichkeit nicht die „tu-er". Die wahren Meister haben Wahrheit und Weisheit in sich verwirklicht. Sie weisen uns seit Menschengedenken darauf hin, dass alles, was ist, zusammenhängt. Ich habe das so verstanden, dass Vollkommenheit grundsätzlich allem innewohnt, auch uns, ausnahmslos und in jedem Moment. Das Universum macht keine Ruhepausen, ist immer treuer

Begleiter in allen alltäglichen Handlungen. Ammas Aussage besagt dann wohl, dass aus einem letzten Urgrund heraus betrachtet im Grunde nicht wir selbst es sind, die handeln, sondern unser Tun bestimmt ist durch unergründlichen Einfluss, durch eine Intelligenz, die mit unseren Hirnen nichts zu tun hat.

Wer oder was sorgt dafür, dass wir noch den nächsten Atemzug tun können? Wir wurden hierhin und dorthin geboren. Was trugen wir dazu bei? Auf dieser Erde gibt es Wasser, Luft, die wärmende Sonne und (eigentlich) genug Nahrung für jeden. In unserem Körper spiegelt sich praktisch das ganze Universum. Wie wurde so ein unvorstellbar komplexes perfektes System kreiert? Das entzieht sich jeglichem Vorstellungsvermögen.

Ich kann es mir nicht anders ausmalen, als dass bei uns „mitgemischt" wird. Ich versuche, mir immer wieder vor Augen zu führen, dass gewissermaßen mein Tun von woanders her als durch meinen Verstand getan wird, dass wenn ich etwas tue, ich in Wirklichkeit nicht der „Tu-er" bin, eine universale Energie mitspielt, die mein Tun `tut`. Eine wunderbare Möglichkeit, unser Tun von Zwanghaftigkeit zu befreien. Welche Namen wir der Energie verleihen, bleibt jedem selbst überlassen, Gott, Atman, das Universum, die Schöpfung oder das Höhere Selbst, je nach individuellem Bedürfnis.

Mit diesen Gedanken berühren wir einen weiteren Aspekt, der das Ausmaß der Vertrauensthematik unterstreicht: Die Demut. Demut und Vertrauen bedingen einander. Ohne Vertrauen finden wir nicht zur Demut. Ohne Demut geht Vertrauen gar nicht.

Wenn wir dann noch bedenken, dass Liebe nicht ohne Vertrauen vorstellbar ist, ebenso wenig wie Mitgefühl, dann können wir doch nicht anders als – demütig zu sein!

Sich dem Aspekt des Vertrauens aufrichtig zu öffnen, ist ein Akt der sensitiven Innenschau. Was geschieht dabei? Wir gelangen umgehend in einen Zustand der Moment-Erfahrung. Solche Momente sind geheiligte Momente, denn wir befinden uns dann ganz bei uns, weg von allem Äusseren. Das funktioniert, wenn wir alle Gedanken leise loslassen, auch den der Suche nach dem Vertrauen. Du wirst erleben, genau dort sitzt das Vertrauen bzw. dann hast du es.

Vertrauen ist etwas so Großes!

Der Wirkungsbereich des Vertrauens ist die Unbegrenztheit - beziehungsweise *hier*. Seine Zeit ist immer - beziehungsweise *jetzt*. Vertrauen führt uns immer überall, wenn wir es wollen. Als ich mich um Vertrauen bemühte, wurden mir Hände gereicht, Türen öffneten sich, mein Handeln wurde effektiver, Reicht das?

*Mit Vertrauen leben wir leichtfüßiger. Wir werden gelassener, erleben mehr Heiterkeit, werden freier, kreativer, erfolgreicher, mitfühlender und vieles mehr.*

So ist es mir widerfahren.

Allerdings gibt es das nicht ganz umsonst. Es bedarf unseres aktiven Beitrages. Wir müssen dem Vertrauen den Weg in unsere tägliche Praxis ebnen und das geht kaum im Nichtstun.

Jeder hat es schon einmal erlebt, Aktivitäten ohne Vertrauen können zäh verlaufen wie Kleber und das klebrige Ergebnis hinterher wieder loszuwerden kann sich ebenso zäh gestalten. Oft unterlassen wir überhaupt, etwas zu beginnen, weil wir kein Vertrauen besitzen und das geht in aller Regel einher mit Verlust. Aber welch ein Unterschied zu Handlungen, die gesichert sind durch das Geländer festen Vertrauens in eine heilige Instanz, die uns jederzeit helfend ihre Hand reicht! Vertrauen ist wahrlich die Basis, auf der wir alles Handeln gründen können. Worauf warten wir noch?

## Innenorientierung

Es ist zu offensichtlich und einfach nicht mehr zu ignorieren: Die Orientierung allein an Verstand und Intellekt nach den zur Allgemeingültigkeit (v)erklärten Regeln der wissenschaftlichen Nachweisbarkeit brachte die Menschheit an den Rand des Ruins.

Schon 1956 schrieb der Soziologe David Riesman über das Dilemma des „außengeleiteten Menschen"[19] mit den dramatischen Auswirkungen auf den Einzelnen und für die gesamte Menschheit. Täglich überfluten uns massenhaft Meldungen über die Abgründe, an deren Rand die Menschheit augenscheinlich steht. Einzelheiten erspare ich mir

---

[19] (Riesman, D. „Die einsame Masse" )

hier. Stellvertretend für die riesige Fülle an Quellen nenne ich ein Buch, das in genialer wie verstörender Ausführlichkeit und Deutlichkeit das Dilemma, in dem die Menschheit sich heute befindet, erfasst und beschreibt: Thom Hartman`s „Unser ausgebrannter Planet".[20] . Ein weiteres „Muss-Buch"!

Wenn schon jemand den Aussagen der Weisen, die uns seit ewigen Zeiten auf die Ursachen allen Übels hinweisen,  kein Gehör schenken und unbedingt nur seinem Verstand vertrauen will, dann sollte er wenigstens Thom Hartman lesen, ein präziser Beobachter des Weltgeschehens. Wer ihn gelesen hat, wird nicht mehr bezweifeln können, dass am Paradigma der Außenorientierung unser ganzes Dilemma begraben liegt. Wir bräuchten also „nur" den Paradigmen-Wechsel zu vollziehen und dem Innen den Vorzug vor dem Außen geben. Das würde genügen, denn das Außen folgt unweigerlich dem Innen.

Wir haben diese Chance! Geben wir Intellekt und Verstand eine andere Bedeutung, betrachten wir beide aus einem anderen Blickwinkel. Amma soll an dieser Stelle zu Wort kommen:

*„Dieses Konzept der modernen Wissenschaft hat den Glauben des Menschen geschädigt... . Er (Der Intellekt) gestattet dir nicht, einfach zu glauben, und fordert immer wieder Beweise in Form weiterer Erklärungen. Das Verlangen nach Mehr wird nie aufhören... . Je mehr Beweise und Erklärungen du bekommst, desto mehr will der Intellekt haben. Das ist so, weil Beweise und Erklärungen die Nahrung*

---

[20] (Hartman, 2000)

*des Intellekts sind... . Die eigentliche Existenzgrund-*
*lage des Verstands ist Wissen aus der äußeren Welt;*
*... Während der Kopf der Sitz des Ego ist, ist das Herz*
*die egolose Stätte. Der Heilige hört auf, im Kopf zu*
*leben; er verläßt das Ego und zieht in das Herz ein.*[21]

Verstand und Intellekt haben Glauben und Vertrauen zerstört. Als die Menschheit ihre innere
Orientierung verlor, verlor sie sich weitgehend
selbst. Glauben und Vertrauen allein auf Ego und
Intellekt gebaut, das musste schief gehen. Aber
genau da können wir ansetzen. Jedenfalls hat mein
Leben mir das gezeigt. Als ich außen keine Lösungen mehr fand, suchte ich innen weiter und fand
meinen Frieden.

Diese Thematik reicht zwar bis an die Grenze unseres Seins. Das ist aber keine Begründung für Resignation. Im Gegenteil! Statt zu resignieren, sollten wir darauf vertrauen, dass die wahren Lösungen immer dem Inneren entstammen Wir brauchen auch keineswegs zu warten, bis wir mit einem
Heiligenschein herumlaufen. Dass aber Innenorientierung etwas Heilendes hat, liegt doch auf der
Hand. Die durch Innenorientierung sich eröffnen-
den Möglichkeiten sind für unser gesamtes Leben
grenzenlos und in höchstem Masse faszinierend!

---

[21] (Amritanandamayi, Gespräche mit Amma 2, S. 34)

Ich hörte von einer dramatischen Geschichte von einem Arbeiter in einem Kühlhaus. Er wurde versehentlich vor dem Wochenende in eine Kühlkammer eingeschlossen und musste befürchten, dort zu Tode zu kommen. Am nächsten Montag wurde er tatsächlich dort tot aufgefunden. Das Kühlhaus war aber zu der Zeit gar nicht gekühlt. Das heißt, der Mann hatte sich so in seine Angst, erfrieren zu müssen, hineingesteigert, dass er tatsächlich erfror, obwohl in der Halle Plustemperaturen herrschten. Ich meine mich zu erinnern, dass diese Geschichte einen wahren Hintergrund hat. Aber egal, sie verdeutlicht, wie das innere Drama funktioniert, aber auch, dass es immer Möglichkeiten gibt, es zu enthüllen.

Das innere Drama läuft immer nach demselben Schema ab:

Wir sehen uns in einer Krise und meinen, sie nicht bewältigen zu können.

Das nehmen wir zum Anlass, uns unfähig, hilflos und schwach zu fühlen.

Wir beginnen, die Lage emotional zu interpretieren.

Schließlich bewerten wir die Situation als ausweglos. Panik kommt auf und die Angst, dass wir verloren und verlassen sind.

Ein Teufelskreis beginnt sich zu drehen. Der Haupt-Auslöser: Wir bewerten uns negativ und identifizieren uns mit den Emotionen.

Solche Drehleiern dem Lichte aktiver Aufmerksamkeit auszusetzen und damit den Teufelskreisen, den Hauptbestandteilen der inneren Dramen, den Garaus zu machen, darum geht es. Innere Dramen ernähren sich von Selbstmitleidsbekundungen, herabsetzenden Selbstbeurteilungen, von der ganzen Palette an Kleinrednern, die wie gefräßige Monster in uns herumwühlen. Das fiese an ihnen ist, dass wir sie selbst befeuern, ohne dass wir uns dessen bewusst sind.

*Ich bin der Looser, bin echt ne armes S.... . Wieso immer ich? Womit habe ich das verdient? Ich komm da nie mehr raus. Jetzt bin ich so und so alt und habe noch immer nicht...! Alles was ich anfasse, geht ja sowieso in die Hose. Gott hat mich schon längst vergessen. Ich bin ein Nichtsnutz. Keiner mag mich. Für mein soziales Umfeld bin ich nur noch peinlich. Mach dir keine falschen Hoffnungen, für dich ist nicht mehr drin.*

Und so weiter, und so fort.

Angst, Depression und das Drama kommen in aller Regel als Drillinge daher. Es wäre müßig, klären zu wollen, welche geschwisterlichen Rollen sie im Einzelnen spielen. Sicher ist, dass sie sich gegenseitig bedingen. Die inneren Dramen finden einen umso fruchtbareren Nährboden, je mehr sich Angst und Depression festgesetzt haben, und je intensiver Dramen am Laufen sind, desto leichter hat es die Depression. Aber beide gäbe es ohne Angst gar nicht.

Identifizieren wir uns mit den Konflikten, hebelt das unsere Selbstkontrolle aus. Dann bestimmen nicht wir unsere Geschichte, sondern die Geschichten treiben uns vor sich her. Darin drücken sich die inneren Dramen aus. Haben die uns erst einmal im Schlepptau, kann das unser Selbstwertgebäude mächtig ins Wanken bringen. Damit ist allzu schnell der teuflische innere Kreator zur Stelle, der uns die Szenen dirigiert, die das innere Drama ausmachen (wir machen uns oder anderen eine Szene). Die können uns die Stimmung vermiesen, aber auch in Katastrophen enden. Die Medien sind jeden Tag voll davon und das traurige und skandalöse ist, dass die davon leben.

Aber diese Unbewusstheit hat kurze Beine, wenn wir es nur wollen. Denn genau an den Wunden, dort wo es schmerzt, steckt die Chance zur Aufdeckung.

Um schon die leiseste Tendenz einer negativen Selbstbewertung zu erkennen, ist es unerlässlich, dass wir uns eine spezifische Wachheit angewöhnen, quasi als Erinnerungsknoten in einem mentalen Taschentuch. Wenn eine Stimme in uns oder von außen kommend anheben will, uns niederzumachen, uns klein und unfähig zu beurteilen, ist es ratsam, sensibel wie ein Seismograf zu reagieren!

Ursachen für die Entstehung innerer Dramen können vielfältig sein. Ein Beispiel, das als Symptom selten ausgemacht wird aber häufig vorkommt, ist, wenn wir uns grundlos verteidigen (sich verteidigen ist für den Souveränen immer grundlos).

Auf ein weiteres ziemlich toxisches Drama-Symptom müssen wir unbedingt achten: Wenn wir selbst ungerecht agieren. Dann ist fast immer ein inneres Drama am Drehen!

Wenn wir es schaffen, zu erkennen, ob sich gerade negative Energien und damit verbundene Emotionen einnisten wollen, dann, und nur dann, haben wir den Hebel in der Hand, um den Riegel vorzuschieben:

*Stopp! Kein Drama! Ich gehe nicht mit!*

Ein Statement wie: „Ich gehe nicht mit", auch im Sinne von „da mache ich nicht mit", „ich beteilige mich nicht", bewahrt uns zweifellos vor dem Verlust unserer Souveränität. Wir senden damit eindeutige Signale nicht nur in Richtung etwa boshafter Menschen, sondern auch an unsere eigenen Gedankenstürme. Die Haltung `ich geh nicht mit` konsequent angewandt verhindert immer wirksam ein Drama. In Anbetracht dessen, was schon alles an Leiden ausgelöst wurde, weil den inneren Dramen nicht Einhalt geboten wurde, zeigt sich drastisch, um wieviel es geht. Dabei sind die Möglichkeiten zur Verhinderung von inneren Dramen – meist – sehr einfach und erfordert lediglich die Schulung unserer Wachheit. Dazu müssen wir keinesfalls die Fähigkeit eines ausgewachsenen Yogis vorweisen. Der Alltag bietet genügend Übungsfelder, denken wir nur an unser Verhalten im Straßenverkehr.

Anstatt die anderen Verkehrsteilnehmer als Gegner zu betrachten, die besiegt oder zumindest beschimpft werden müssen, können wir uns fragen, ob wir das jetzt wirklich brauchen oder ob es uns nicht mehr Würde und Nervenschonung verleiht, wenn wir sie gelassen als Partner und Mitmensch sehen und uns erinnern, wie oft wir uns selbst schon genau so benommen haben, wie wir es ihnen vorwerfen. Das allein würde schon nachhaltig für

Entspannung sorgen. Wenn wir dann noch in Erwägung ziehen würden, dass der andere vielleicht einen schwierigen Tag haben könnte und ihm eher ein aufmunterndes Lächeln helfen würde, wäre das schon mehr als ein nachhaltiger Beitrag zur Befriedung des Straßenverkehres.

Um den Galopp unserer dramengeladenen Emotionen einzubremsen, gibt es ein sehr wirksames Instrument, das wir alle bereits im Werkzeugkoffer haben, auch wenn wir uns zu selten daran erinnern:

Das Innehalten.

Manchmal kann man es kaum glauben aber jeder weiß es, sich über andere aufzuregen im Straßenverkehr oder sonst wo ist völlig für die Katz, auf der Straße sogar gefährlich. Die logische Folgerung kann nur sein, das innere Schauspiel abzubrechen, bevor es sich selbst zu Ende spielt. Was es bedeutet, nicht abzubrechen und das innere Treiben sich selbst zu überlassen, kann jeder jeden Tag den Medien aber auch seinem eigenen Alltag entnehmen: Zahllose Streitereien, Vorwürfe, Trennungen, Unglücke, persönliche Katastrophen, weil jemand im inneren Drama hängen blieb. Zweifellos haben diese Tragödien ihre Ursachen immer in nicht verhinderten Dramen bei Einzelnen. Das gilt auch für globalen Katastrophen wie Krieg und Terror. Inneres Drama aufzudecken, zu verhindern bzw. aufzulösen stiftet enormen Nutzen. Wir haben die Wahl.

Ein beginnendes Drama kündigt sich durch ein inneres Grollen an, immer, aber leider wird es oft überhört, negiert, nicht ernst genommen oder verdrängt. Aber wie sollen wir es denn aufdecken, wenn wir diesen Vorgängen keine Aufmerksamkeit schenken? Aufmerksamkeit, Wachheit ist also erforderlich. Ihre Aktivierung bleibt uns nicht erspart, immer wieder und immer wieder. Natürlich gilt je früher desto besser, doch zu spät kann es nie sein. Selbst wenn das Kind schon in den Brunnen gefallen ist wie bei mir, haben wir die Möglichkeit einzuschreiten und - innezuhalten.

Ich erinnere an so einfache Hilfskniffe wie tief durchatmen; fünfmal bis zehnmal reicht meistens. Laut mitzählen kann hilfreich dabei sein. Und möglichst *bevor* es eskaliert. Selbst für die Fälle, in denen innere Dramen schon bedrohliche Dynamiken entwickelt haben, bleibe ich bei meiner Aussage: Für einen Neuanfang ist es nie zu spät. Lasst uns selbst die Regie übernehmen, bevor wir Marionetten unerwünschter Regisseure werden.

Keine Frage, manche Gedankenkarusselle drehen sich mit der Ausdauer eines Marathonläufers. Dann kann auch mal eine Phantasiereise weiterhelfen sein. Zwei Beispiele:

Stellen wir uns so konkret wie möglich eine entspannende Szene vor, zum Beispiel wie wir die kalte Atemluft in einer winterlich-frischen unberührten Schneelandschaft durch unsere Nasenflügel ziehen, die in der Kälte ein bisschen anfrieren und wir das Glitzern der Schneekristalle bewundern.

Oder wie wärmende Sonnenstrahlen unseren Beckenraum durchfluten durch ein geöffnetes Fenster am Steißbein und wir uns dabei ganz realistisch vorstellen, wie wir Einzelheiten wie Fensterrahmen und Griffe mit den Händen abgreifen können und wie die wärmende und leuchtende Sonnenenergie unseren gesamten Beckenraum flutet.

Unserer Phantasie sind keine Grenzen gesetzt, aber bitte bleiben wir bei durch und durch wohltuenden Szenerien.

Nicht nur, dass diese Reisen ins Innere uns ganz nebenbei auf wundersame Weise mit frischer Energie versorgen (wer die Probe aufs Exempel macht, wird es erleben), sie unterbrechen die Dynamik des beginnenden inneren Dramas, dem eigentlichen Ziel der Übung. Wer das ausprobiert, wird auch noch andere Effekte entdecken. Du wirst dich vielleicht überrascht fragen, weshalb du dieses effektive Instrumentarium bisher nicht genutzt hast.

Ich verweise an dieser Stelle schon auf die verschiedenen Meditationsmethoden, auf die ich im dritten Teil des Buches ausführlicher eingehen werde. Meditation ist der Schlüssel zur Wachsamkeit.

Eine weitere Möglichkeit, Eskalationen zu verhindern, ist eine zeitliche und räumliche Distanz zu den Drama-Tendenzen herzustellen. Ein ausgezeichnetes Mittel dazu ist, möglichst verhindern, an den laufenden Vorgängen anzuhaften. Dazu gehört auch, dass wir *uns* anschauen und uns nicht ablenken mit Schuldzuweisungen nach außerhalb von uns. Das hieße den Teufel mit dem Beelzebub austreiben. Manchmal mag es schon ausreichen, eine momentane Tätigkeit zu unterbrechen, einen Tee oder eine Tasse Kaffee zu trinken (auf keinen Fall aber Mut antrinken mit einem alkoholischen

Getränk, das hieße dem Drama auf den Leim gegangen zu sein!). Auch mit einem vertrauenswürdigen, einfühlsamen Menschen ein offenes Gespräch zu führen, kann unseren Blick auf die Lage komplett verändern.

Wenn ich bedenke, wie mich meine inneren Dramen packten und mich zeitweise fast erwürgten, kann ich nicht deutlich genug darauf hinweisen, wie immens klärend und befreiend es ist, sie mutig anzuschauen, um sie damit zu stoppen.

Solltest du meinen, dass es ganz schlimm um dich steht, du glaubst, zu nichts mehr imstande zu sein, lass dich von meinem dringlichen wie dröhnenden tief aus meinem Herzen kommenden Appell packen und aufrütteln:

*Nie, nie, niemals gibt es keinen Ausweg!*

Raff dich auf, schrei in dein Innerstes zu dem Ort, wo dein fehlgeleiteter Verstand dein Herz besiegen will und teile dieser „Stelle" energisch mit, dass du dein Herz für unbesiegbar erklärst! Die höchste Instanz hört mit, vertrau darauf!

Du kannst dir sicher sein, dass noch während du zeterst, die Hilfe schon begonnen hat, dich zu finden.

*Jetzt, jetzt* erwacht die Kraft in dir für den fälligen erhellenden Schritt:

Diese und ähnliche Schritte beenden die Teufelskreise – und so ein Ende ist mehr als Gold wert.

Nun wissen wir, uns aus dem Klammergriff der Dramen-Emotionen zu befreien oder das Spiel gleich zu verhindern, geht leichter als wir glauben.

Und auch wenn ich mich wiederhole, ich kann versichern, meine Dramen glichen Höllenszenen und ich konnte sie trotzdem überwinden. Diese Erfahrung verdanke ich meiner erhöhten Aufmerksamkeit, ja keine inneren Dramen mehr zu übersehen und sie im Ansatz schon zu entlarven.

Angesichts dessen, was wir uns an Leiden ersparen, lohnt jede Wiederholung, Auch und gerade bei den schwereren Brocken.

*Die innere Stimme*

*„Denk daran: Die Seele erschafft, der Verstand reagiert... Die Seele begreift, was der Verstand nicht zu erfassen vermag... Die Seele spricht in Gefühlen zu dir. Höre auf deine Gefühle. Folge deinen Gefühlen. Achte und ehre deine Gefühle... Deine Gefühle werden dich nie in `Schwierigkeiten` bringen, denn deine Gefühle sind deine Wahrheit."* [22]

Ich war gewarnt.

Es war in der hochalpinen Region des Mont Blanc in den französischen Alpen. Ich war so um die 20 und startete mit ein paar Freunden auf Skiern die abenteuerliche Abfahrt über das Vallée Blanche, dem riesigen Gletscher im Mont Blanc Massiv. Wir starteten von der Bergstation „Aguille du Midi" aus,

---

[22] G.m.G., Bd. 2, S. 38/39

die auf 3800 Meter Höhe atemberaubend auf eine schmalen Felszinne gebaut ist. Es war ein herrlicher Märztag mit strahlend blauem Himmel und gleißender Sonne über dem ewigen Gletschereis und wir stürzten uns in unserer jugendlichen Unbekümmertheit euphorisch in diese sportliche Herausforderung.

Nach längeren kräfteraubenden Passagen suchten wir nach einer geeigneten Stelle für eine Rast. Einer aus unserer Gruppe hatte auch schon ein kleines Plateau neben einer allerdings steilen Rinne ausgemacht, zu der wir nach und nach hinüber rutschten. Ohne auch nur eine besondere Idee von Skepsis im Kopf gehabt zu haben, schaute ich gedankenverloren noch einmal nach oben Richtung Mont Blanc-Gipfel. Unbeabsichtigt und ganz und gar unaufdringlich mischte sich ein Gedanke in mein Staunen über das grandiose Panorama: Ob das wohl ein geeigneter Platz für unsere Pause ist? So schlug ich vor, lieber auf einer unweit entfernten etwas höher gelegenen Felsnase zu rasten, die mir geeigneter schien.

Alle waren einverstanden und wir stiegen hinüber. Gerade als ich mein belegtes Baguette auspackte, vernahm ich dieses rumpelnde Geräusch, das mich erstarren ließ. Der Fels, auf dem wir saßen, schien leicht zu beben. Ich drehte mich erschreckt um, und etwa 150 m hinter und unter uns rauschte eine Lawine durch, gerade durch die Rinne, neben der wir zuerst rasten wollten. Es war zum Glück keine dieser großen donnernden Gewaltlawinen, die alles auf ihrem Weg mitreißen und zerstören. Aber in ihrer Mitte waren die Schneemassen doch so dick, dass es für den einen oder anderen von uns hätte böse enden können. Als der Spuk vorbei war, dachte ich mir, wie merkwürdig leise und ganz und gar beiläufig der Gedanke mich veranlasste, den Blick noch einmal nach oben schweifen zu lassen. Ich hätte ihn auch leicht überhören können. War das meine innere Stimme?

Wir erhalten genug Signale. Immer. Es gibt immer sozusagen Innere Stimme.

Die innere Stimme führt uns, verleiht uns Intuition und Kreativität, verhilft uns zu Spontaneität, ist Ideengeber, sie warnt und mahnt, gibt konkrete Antworten, manchmal sogar ohne, dass wir gefragt hätten. Und unsere innere Stimme scheint noch weit mehr zu sein, wenn ich an das oben angeführte Zitat denke aus „Gespräche mit Gott", die innere Stimme sei Ausdruck unserer Seele. Als was immer wir sie sehen wollen, sie ist ein immenser Glückspool. Wieso schenken wir ihr nur so wenig unserer Aufmerksamkeit?

Nachdem ich damals an den Bodensee gezogen war und relativ viel Geld verdiente, entschloss ich mich zum erwähnten Kauf der Eigentumswohnung. Ein Kunde des Unternehmens, bei dem ich arbeitete, war Steuer -und Wirtschaftsprüfer und ihm teilte ich meine Pläne mit. Er fragte mich ein wenig aus und schon nach wenigen Sätzen sagte er mir: „Ich rate ihnen ab, das klingt nicht schlüssig für ihre Verhältnisse und außerdem kenne ich die Initiatoren." Verführt von der Aussicht, bald eine außergewöhnliche Wohnung, denkmalgeschützt, mit barocken Wandmalereien in der wunderschönen Altstadt von Konstanz mein Eigentum zu nennen, folgte ich seiner Empfehlung nicht. An dem Tag, als ich zur Vertragsunterschrift fuhr, rammte ich beim

Einparken ein Parkschild und verursachte einen ziemlich teuren Schaden an meinem Auto.

Meine innere Stimme?

Während des Verkaufsgespräches erfuhr ich, dass sich die Bauarbeiten an dem uralten Haus sich deutlich verzögern würden, weil der Keller zuerst von hoher Feuchtigkeit befreit werden müsse und auch die Denkmalschutzvorschriften zu weiterer Verzögerungen und zur Verteuerung des Objektes führen würden, was natürlich negative Auswirkungen auf meine Finanzplanung zur Folge hatte. Eine weitere Warnung! Ich unterschrieb, und bekam danach erhebliche Finanzierungsprobleme.

Im Laufe der Zeit wurde es in der Firma, in der ich so erfolgreich tätig war, zeitweise ungemütlich. Entgegen jeder Logik und Vernunft ließ ich mich allzu eilig anwerben zu einer selbständigen Tätigkeit als Finanzberater. Ich ließ mich blenden von dem Initiator eines Finanzkonzeptes, ein gewisser Freiherr von soundso, der als Argumentationsagitator und versierter Motivationsprofi und Positiv-Guru herumtanzte, der für alles, was seinem Bankkonto diente, Argumente fand. Vor solchen Leuten kann man nicht genug warnen. Die verkaufen auch noch ihre Schwiegermutter und stellen das als Wohltat an der Menschheit dar. Das waren nicht nur Warnungen, das waren handfeste Fakten! Ich glaubte es besser zu wissen.

Das waren harte Lehren für mich, aus denen ich die schmerzhafte Erkenntnis akzeptieren musste:

**Wenn wir auch noch die eindeutigste innere Stimme ignorieren, kommt sie in Form von Fakten daher.**

*„Das Leben war kein schwieriges Problem, ehe der Mensch ungehorsam wurde und nicht mehr auf seine innere Stimme hörte. Wenn er umkehren und aufs Neue auf sie hören wird, wird er es aufgeben, sich abzuquälen, damit er genug zum leben habe; von da an wird er arbeiten um der Freude des Erschaffens willen...".* [23]

Sobald wir, vor einer Entscheidung stehend, tendenziell Störungen vernehmen, Vorahnungen zur Vorsicht mahnen, wir Unsicherheit verspüren, Unklarheit, Skepsis, Zweifel aufkommen, sind das Anzeichen dafür, jetzt besser innezuhalten. Um die innere Stimme wahrnehmen zu können, müssen wir *innehalten*. Im Innehalten bekommen wir die Gelegenheit, Entscheidungssituationen zu überdenken. Eine sehr gute Basis, um aufmerksam zu hinterfragen, was gerade läuft.

Wie wichtig es ist, immer wieder die nötige Distanz zu den inneren Dynamiken herzustellen, zeigt sich, wie schon im Kapitel um das innere Drama, auch im Kontext mit der inneren Stimme. Das Nicht-Anhaften an die Probleme ist eine der Voraussetzungen für den ungefilterten Zugang zur Quelle der inneren Stimme. Sie entspricht wahrlich einem goldenen Schrein. Immer wenn uns die Herstellung einer Distanz zu den gerade ablaufenden Vorgängen gelingt, stellen wir die Verbindung mit der geheimnisvollen Quelle der inneren Stimme her. Durch diese Verbindung gewinnen wir an Souve-

---

[23] (Spalding B. T., Bd. 2, S. 231 (vorgetragen von der „Hohen Dame")

ränität und Freiheit und weiterer magischen Eigenschaften hinzu, die unser Leben lebenswerter
und effektiver werden lassen. Sich immer wieder
aufs Neue um Nichtanhaftung zu bemühen ist
demzufolge ein purer Akt von Klugheit und eine
Lebensregel erster Güte.

Die Aufforderung, immer zuerst die innere Stimme
zu Wort kommen zu lassen, habe ich sträflich vernachlässigt in meinem Leben mit den bekannten
fatalen Folgen. Ich bin felsenfest davon überzeugt,
die innere Stimme steht immer zur Verfügung,
welche Frage auch immer im Raume steht. Ob wir
sie wahrnehmen, hängt von unserer Empfangsbereitschaft ab (siehe oben). Überhören wir sie, können wir schneller als uns lieb ist in die Gärung chaotischer Entwicklungen geraten und uns in einer
einschnürenden Zwangsjacke wiederfinden. Dann
steuern Zwänge unser Verhalten und die beschnei-
den bekanntlich unsere Freiheit. Die klassische
Eintrittskarte ins Theater der Dramen. Nachzule-
sen auf diesen Seiten.

Beim Kultivieren unserer inneren Stimme stellt
sich uns also eine entscheidende Frage: Empfangen
wir die Botschaften?

*„Du hörst... nicht zu. Und wenn du zuhörst, hörst du
nicht wirklich hin. Und wenn du tatsächlich zuhörst,
glaubst du nicht, was du hörst. Und wenn du glaubst,
was du hörst, folgst du doch nicht den Anweisun-
gen."*[24]

---

[24] G.m.G., Bd. 2, S. 27

Die Empfangsbereitschaft erhöhen, ein Merksatz, der nicht fett genug unterstrichen werden kann. Sie zu erhöhen, erfordert einen anhaltend bewussteren Umgang mit unseren Gewohnheiten. Gewohnheiten sind merkwürdige Selbstläufer in unserem Gemüt und wir neigen dazu, sie zu unterschätzen oder sie völlig aus den Augen zu verlieren. Es ist bestimmt nicht unklug, sie genauer unter die Lupe zu nehmen. Nicht alle Gewohnheiten sind schlecht, natürlich nicht. Viele sind uns hilfreich beim Bewältigen unseres Alltages, aber nicht selten stehen sie uns im Wege und manche haben sich hartnäckig in uns eingenistet. Aber Gewohnheiten sind ja keine eigenständigen Wesen, auch wenn sie zuweilen wie solche auftreten und sie eher mit uns umspringen als wir mit ihnen. Nein, wir haben sie selbst eingebaut. Über die sinnvollen brauchen wir kein Wort zu verlieren. Aber in vielerlei Hinsicht hindern sie uns daran, über den Tellerrand hinauszublicken, was nichts anderes bedeutet, als dass sie unsere freie Entfaltung behindern. Meistens überlassen wir ihnen allein durch unsere Bequemlichkeit ihren Spielraum.

Ich biete eine Übung an: Gehen wir doch einen Tag lang unseren Gewohnheiten auf den Grund und am Abend schreiben wir das Ergebnis auf ein Blatt Papier. Das Aufschreiben hat den Effekt, dass wir unsere Gewohnheiten auch rein optisch vor Augen haben. Ich empfehle, alle Gewohnheiten zu erfassen, auch die ganz banalen. So erhöhen wir die Aufmerksamkeit auf sie generell und auf die innere Stimme im speziellen. Eine Übung zur Bewusstseinserweiterung. Nur zu. Es macht Spaß. Viel Erfolg. Der Lohn ist hoch, das kann ich versprechen.

Es hat sich schon immer ausgezahlt, nichts zu überstürzen. Deshalb versteht es sich von selbst, dass wir durch das Angewöhnen des rechtzeitigen Innehaltens die Aussichten signifikant erhöhen, effektiver zu handeln und Chaos zu verhindern. Ist das vielleicht nichts? Durch zeitiges Innehalten hätten wir schon so manches Problem gelöst oder ganz verhindert und es ist bestimmt nicht anmaßend, zu behaupten, dass durch Innehalten schon so manches Leben gerettet worden wäre und auch gerettet wurde. Was diese Thematik betrifft, werde ich später noch recht emotional werden.

Jeder möge sich selbst auf seine Bereitschaft hin überprüfen, inwieweit er dem Innehalten den Vorzug einräumt vor übereilten Reaktionen. Könnte es sein, dass uns bei einer solchen Überprüfung ein Licht darüber aufgeht, dass uns unsere Bequemlichkeit im Wege steht? Zuhören und Hinhören als Instrument erfordert die Verankerung einer Angewohnheit, soll es nicht nur bei einzelnen Versuchen bleiben. Um Innehalten in unser Verhalten einzubauen, müssen wir initiativ werden, zum Beispiel, um eine bequeme Komfortzone zu verlassen und uns durchringen zur Installation einer „bewussten Gewohnheit", die darin bestehen könnte, beim Entscheiden gegenwärtiger zu sein, der Hektik den Wind aus den Segeln zu nehmen, um sich in Gelassenheit zu fragen: Tu ich es! Oder: Tu ich es anders?

Wir wissen inzwischen, ein bewussterer Umgang mit uns selbst ist bei weitem nicht so anstrengend, wie es den Anschein hat. So ist es auch mit unseren Gewohnheiten. Im Grunde geht es nur darum, unseren tausend Gewohnheiten noch eine hinzuzufügen, nämlich die, der inneren Stimme mehr Gehör zu schenken. Übrigens eine gute Gelegenheit zu überprüfen, ob uns die eine oder andere Gewohnheit überhaupt noch nützlich ist.

Hier ein paar Tipps, wie das im Getriebe unseres Alltags funktionieren könnte:

> Welche Informationen im weitesten Sinne kommen bei uns an. Welcher Hinweis könnte sich hinter einer gerade von jemandem geäußerten Bemerkung verbergen. Warum fesselt uns ein bestimmtes Buch oder ein Zeitungsartikel besonders. Oder was hinter einer bestimmten Begegnung stecken könnte. Oder warum etwa ein bestimmter Gedanke auffallend wiederholt in uns anklopft. Oder wenn uns eine bestimmte Idee eine Gänsehaut verschafft eine andere uns lästig abweisend erscheint usw.

Myriaden von Sendungen verschiedenster Intensität und über die unterschiedlichsten Kanäle landen pausenlos in unserem „Postfach". Es zu öffnen, erfordert als erstes schlicht und einfach, dass wir daran denken. Es stimmt, meist klingeln die Absender nicht Sturm (das kann vorkommen, wenn wir es mit der Ignoranz übertreiben), sondern flattern leise ins Haus, was sogar von besonderer Bedeutung sein kann, denn je stiller und sanfter sie sich bemerkbar machen, umso reiner sind sie meines Erachtens.

Meditation ist zweifelsohne ein Schlüssel, um sich die innere Stimme zu erschließen. Auf verschiedene Meditationsübungen gehe ich später noch ein.

Es gibt so viele Anlässe für diese Art von Aufmerksamkeitsschulung wie es Situationen gibt. Situationen stecken voller Botschaften. Situationen *sind* Botschaften. Das Leben ist nichts anderes als eine Aneinanderreihung von Situationen und steckt daher voller Botschaften. Die Frage ist, ob uns das auch genügend bewußt ist. Wäre es zum Beispiel nicht hochspannend, *jede* Begegnung mit wem auch immer als ein Treffen von „Botschaftern" zu verstehen, oder grundsätzlich davon auszugehen, dass es keine Zufälle gibt?

Ich möchte auf eine weitere faszinierende Besonderheit zum Thema aufmerksam machen:

Gefühle sind perfekte Informationslieferanten!

Ich rate dringend dazu, beim Lauschen nach innen auf die Gefühle zu achten. Sie sprechen Bände und sie zu vernachlässigen oder gar vor ihnen zu flüchten wäre gerade so als ob wir ein Stück Leben auf den Müll werfen würden. Nur wenn wir unseren Gefühlen Beachtung schenken, können wir auch die Inhalte, die sie transportieren, nutzen. Es ist unverständlich, dass Gefühle in einem so erschreckenden Ausmaß vernachlässigt werden, dass eine Menge Leute deshalb beim Arzt landen.

Konfliktsituationen treten immer in Verbindung mit Gefühlen auf, natürlich auch in positiven Konstellationen. Das liegt in der menschlichen Natur begründet. Demzufolge haben wir auch immer die Chance, unsere Gefühle nach den Botschaften abzuklopfen, die sie für uns bereithalten. Die Vielfalt der Möglichkeiten tendiert ins unendliche. Gefühle sind ein wahrer Schatz. Sie betrügen uns nie! Informationen tragen immer Gefühle im Gepäck, und sind immer wahr! Gefühle und innere Stimme sind wie zwei Seiten einer Medaille.

*Innere Stimme und Gefühle bedingen einander!*

Wenn wir sie lange genug ignorieren, kann als Resultat eine vollendete Tatsache daherkommen, zum Beispiel indem man wie ich ein Verkehrsschild rammt. So viel Mühe macht sich die Vorsehung, nur um uns vor (noch größerem) Schaden zu bewahren.

Die Wirkung auf unsere Lebensqualität durch die Kultivierung unserer inneren Stimme im Zusammenspiel mit den Gefühlen kann man nicht hoch genug bewerten und führt unweigerlich dazu,

*dass wir an Freiheit dazugewinnen!*

Meine Entscheidungen Leben waren verhältnismäßig zielführend und erfüllend und haben mir ein gewisses Maß an Orientierungssicherheit beschert, solange ich auf meine innere Stimme hörte, meiner wahren Begeisterung, ich könnte auch sagen, meinem Herzen folgte. Das war die Zeit, bevor ich bei dem großen Unternehmen mein Angestelltendasein aufkündigte. Als ich die Warnungen in den Wind schlug und meinte (mein Intellekt), meine innere Stimme nach Belieben manipulieren zu können, führten meine Entscheidungen zu einem enormen Verlust an persönlicher Freiheit. Die Folge davon war eine schrecklich lange Zeit in Enttäuschung und Schmerz, bis ich schließlich Schritt für Schritt die Wende in meinem Leben einleiten konnte. Daraus ergeben sich eine Menge aufschlussreicher Einsichten. Einige, die für mich besonders wichtig sind:

*Es ist nie zu spät, um damit zu beginnen, der inneren Stimme mehr Aufmerksamkeit zu schenken.*

Gewohnheiten genauer unter die Lupe zu nehmen, erhöht unser Bewusstsein.

Innzuhalten um Distanz zu den Geschehnissen herzustellen, beschert uns einen friedlicheren Alltag, lassen uns erfolgreicher im Handeln werden und verhindert Schwierigkeiten, Chaos oder gar Katastrophen.

Gefühlen nehmen eine Schlüsselrolle ein.

## Dankbarkeit

Dankbarkeit – fühle bitte dem Klang dieses Wortes nach. Lass ihn tief reinsinken – erweitere deine bisherige Sicht auf deine Haltung zur Dankbarkeit.

Mach dir bewusst, für was alles in deinem Leben du dankbar sein kannst. Beginne von mir aus mit deiner Geburt oder auch nur mit den Socken, die du gerade trägst. Überlege, was du schon alles im Leben erhalten hast. Selbst in deinen schwersten Zeiten gab es immer noch genügend Gründe dankbar zu sein. Denk nach und du wirst es bestätigen.

Welch ein kostbares Lebenselixier Dankbarkeit doch ist!

Es ginge in diesem Kontext viel zu weit und würde mich auch überfordern, alle die ihr innewohnenden Aspekte erfassen zu wollen. Einige Zeilen widme ich der Magie, die Dankbarkeit enthält, aber doch.

Dankbarkeit ist ein unentbehrliches Standbein eines friedvollen Lebens und genau aus diesem Grund ein elementares Instrumentarium gegen die Angst. Bedauerlicherweise bleibt ihre Tragweite meist unerkannt. Man sieht das eher umgekehrt: Ein glückliches Leben oder ein bestimmter Umstand sei erst ein Grund für Dankbarkeit. Das ist natürlich auch richtig. Doch bei erweiterter Sicht auf sie entpuppt sich die Dankbarkeit als *Voraussetzung* für ein glückliches Leben oder für glückliche Umstände.

Das mag überraschen, doch ein praktischer Versuch trägt schnell zum Verständnis bei. Beflügeln wir doch einmal testweise unsere Dankbarkeitshaltung. Dazu setzen wir eine Potenz ein, die bei den anderen Themenbereichen innerhalb unserer Selbsterforschung ebenfalls eine effektive Rolle einnahm: Den Aktivfaktor.

Versuchen wir, unsere bisherige Haltung, was Dankbarkeit betrifft, nämlich dankbar für etwas zu sein, das uns erfreut, zu erweitern: Dankbar zu sein, wenn es gar keinen konkreten Anlass gibt, uns für etwas zu bedanken. Einmal darüber nachzudenken, ob wir letzten Endes nicht für alles dankbar sein können, was uns widerfährt. Auch dankbar zu sein für widrige Herausforderungen, weil wir aus ihnen und nur aus ihnen wirklich lernen und wachsen können.

Was würde es für unser gesamtes Leben bedeuten, durchweg dankbar zu sein, sozusagen in lebendig gewordener Dankbarkeit das Leben zu leben? Wir wären stets zufrieden, nie mürrisch, nie angstvoll, nie bedürftig oder zwanghaft oder freudlos. Die

Aufzählung friedvoller Eigenschaften ließe sich noch lange fortsetzen.

Unmöglich? In Perfektion, ja, sicherlich. Es geht aber nicht um Perfektion. Bei keinen unserer Themen der Selbsterforschung geht es um Perfektion. Das Streben nach ihr wäre sogar ein großes Hindernis. Die kleinen Schritte, die kleinen Erlebnisse lassen den Humus gedeihen, auf dem alles weiterwachsen kann. Nur einmal am Tag sich bewusst gemacht, was für ein befreiendes Gefühl es ist, grundlos dankbar zu sein, ist schon ein großer Gewinn! Alles weitere geschieht von alleine. Es ist ein heiliger Kreislauf: Ich bin dankbar. Das erfüllt mich mit Freude, was mich wiederum dankbar macht.

*Das Zauberwort heißt: Dankbarkeit als Grundhaltung.*

Ehren wir unsere innere Stimme durch Dankbarkeit. Mit einer Dankbarkeit frei von der Erwartung eines bestimmten Resultates verehren wir gleichzeitig auch die *Quelle* der inneren Stimme. Eine dankbare Verehrung dieser Quelle beinhaltet wiederum auch das Vertrauen in sie, denn Dankbarkeit als Grundhaltung benötigt als Voraussetzung Vertrauen. Und wieder zeigt sich ein gesegneter Kreislauf: Ich bin dankbar, weil ich vertrauen kann, was wiederum Dankbarkeit zur Folge hat.

Und der der Dreh nimmt sogar noch eine neue Runde: Die erwähnte Reduzierung von Erwartungen. Wenn ich dankbar bin, was sollte ich dann noch erwarten? Ist dann nicht alles gut, was kommt? Die Erwartung würde ersetzt durch Akzeptanz. Wenn ich nicht mehr anhaltend in Erwartungshaltung bin, werde ich wiederum – gelassener. Bei mir hat es sich so eingestellt.

Zusammenfassend bedeutet das, dass wir mit der Dankbarkeit innere Führung erlangen. Diese Verbindung singt ein hohes Lied. Wahre Dankbarkeit schließt die Verneigung vor dem höchsten Schöpfungsprinzip mit ein.

Als der clevere Anwalt damals mit Banken und selbst mit hartnäckigsten Inkassounternehmen einen Vergleich erzielt hatte, was nichts weniger bedeutete, als dass ich von einem Tag auf den anderen Schulden in sechsstelliger Höhe vom Buckel hatte, wäre das Grund genug gewesen, meterhoch in die Luft zu springen vor Dankbarkeit. Dass es mir nicht gelang und warum, erwähnte ich ausführlich.

Selbstverständlich war ich keinesfalls undankbar. Aber Dankbarkeit zu einem Begleitzustand in mir zu installieren, dazu mangelte es mir an vielem, vor allem an Vertrauen.

Nun ist aber alles anders. Wenn ich die folgenden Worte hinschreibe, überprüfe ich mich selbstkritisch, ob ich nicht ein bisschen dick auftrage. Nein, es ist die Wahrheit ohne jede Übertreibung: Ich verspüre eine erfrischend friedvolle Gelassenheit; Erwartungen spielen nur noch eine untergeordnete Rolle. Und nun – seit längerem – begleitet mich unablässig aufrichtige Dankbarkeit.

Damit ist mein Vertrauen immer weitergewachsen und wächst immer weiter. Das erfüllt mich mit ...? Dankbarkeit. Oder war das Vertrauen vorher da? Oder die Gelassenheit, nachdem ich zu vertrauen gelernt habe? Oder nachdem ich nicht mehr so krampfhafte Erwartungen hatte? Alles hängt zusammen.

Das folgende Zitat ist von so erhabener Weisheit, dass mir ein Kommentar nicht zusteht. Ich lasse es für sich selbst sprechen:

*„Wer das Hängen an den Früchten des Handelns aufgegeben hat, ständig zufrieden und von niemandem abhängig, der tut, obwohl er handelt, dennoch nichts."*[25]

## Glücklichsein als Entscheidung

Entscheidungen zu treffen ist praktisch ein Dauerzustand in unserem Leben und die meisten vermischen sich mit unseren Gewohnheiten, ohne dass wir uns dessen bewusst sind. Das bedarf keiner weiteren Erläuterung. Wie verhält es sich aber mit den Entscheidungen, die wir bewusst und aktiv treffen, bei Problemen und Konflikten? Auch bei ihnen hat jeder seine Methoden und Techniken, um den Entscheidungsprozess voranzutreiben. Auch darauf einzugehen, würde diesen Rahmen sprengen. Wieso entschließe ich mich, dem Thema Entscheidung einen ganzen Abschnitt zu widmen?

Es ist die Zwangsläufigkeit, mit der Entscheidungen zu Resultaten führen. Ich weiß, ich weiß, das

---

[25] V. 20, Bhagavadgita, entnommen aus Matruvani Sept. 2009

klingt wie Eulen nach Athen tragen. Aber diese Logik scheint vielen von uns nicht klar zu sein, sonst würden nicht so viele haarsträubende Entscheidungen getroffen werden. Das Resultat kennen wir. Glück und Zufriedenheit sind nicht gerade weit verbreitet in unserer Gesellschaft.

Deshalb möchte ich auf einige spezifische Aspekte des Entscheidens eingehen, die allem Anschein nach nicht zum Allgemeingut gehören. Es geht um das **Wie** des Entscheidens, wie wir *bewusstes* Entscheiden als Instrument einbringen können, um erfüllendere Resultate zu erreichen. Dieses Instrument haben wir bereits direkt vor unserer Nase und steht uns allen zur Verfügung.

Bedauerlicherweise ist den meisten nicht bewusst, auch mir war es das lange nicht, dass das Thema Entscheidung eine großartige, aber weitgehend unerkannte Dimension in sich trägt:

*„Glücklich sein ist unsere Entscheidung".*

Ein Hammer-Aussage, die von Amma stammt. Mit anderen Worten,

*Entscheidung ist ein Instrument zum Glücklich sein!*

Wenn wir diese Gesetzmäßigkeit bewusst in unseren Alltag einbauen, erhalten wir einen Zauberstab an die Hand. Wo wir bisher dachten, damit wir glücklich sein können, benötigt es eine Menge glücklicher Umstände, die mehr oder weniger von Zufällen abhängen, sagt Amma uns, wir können selbst entscheiden, glücklich zu sein. Die Allerweltshandlung Entscheidung bekommt damit eine völlig neue Bedeutung. Jetzt treffen wir nicht mehr nur sachlich-logische Entscheidungen, nein, wir entscheiden bewusst über unsere Lebensqualität. Dieses Instrument bewusst und ohne zu zögern in uneingeschränktem Vertrauen auf breiter Ebene angewandt, das entspräche einem Quantensprung für die Menschheit.

Bleiben wir bei uns Einzelnen. Wie oft sehnen wir uns nach einer Art Zauberfee, die wir jederzeit anrufen können, wenn es im Leben wieder einmal nicht wunschgemäß läuft. Ich zum Beispiel tappte in meiner Krise so lange im Dunkeln, bis ich mich in meiner ganzen Verzweiflung wild entschlossen dazu durchrang, entscheidend etwas ändern zu wollen in meinem Leben.

Ich fasse zusammen:

Ich *entschloss* mich, so wie bisher nicht mehr weiter machen zu wollen. Ich *entschloss* mich, in mir selbst zu forschen, danach, was los ist mit mir. Ich *entschloss* mich, mich meinen Ängsten zu stellen, ich trat *entschlossen* vor mein eigenes Spiegelbild. Ich *entschloss* mich, meine inneren Dramen und die Depression anzuschauen. Ich suchte *entschlossen* den Kontakt zum Göttlichen. Meine *Entschlossenheit* führte mich zu den passenden Büchern. Und:

Ich *entschloss* mich, für die Liebe bereit zu sein.

Die Aussage, glücklich zu sein, könne man herbeientscheiden, lässt Fragen aufkommen. Können wir uns zum Beispiel für einen bestimmten Gemützszustand oder für die Änderung eines solchen entscheiden? Wenn wir schlechter Laune sind, können wir uns dann einfach für die gute Laune entscheiden? Wenn wir wütend sind, dafür, der Wut zu entkommen, die Emotion umzudrehen zum Beispiel in Verständnis? Wenn wir Angst haben, können wir uns dafür entscheiden, die Angst zu überwinden oder wenigstens zu reduzieren? Können wir uns einfach entscheiden für eine neue, höhere Qualität unseres Entscheidens? Es gibt so viele Fragen wie wir entscheidungsbedürftige Situationen erleben.

Diese Einzelfragen zielen auf nichts weniger als auf die Grundsatzfrage ab, ob wir durch unser Entscheiden den Grad unserer Selbstbestimmung erhöhen können!

Ammas Hinweis bejaht das. Es liegt an uns, ob wir das Präsent annehmen wollen. Wenn nicht, wären wir nun wirklich geteert und gefedert!

Ordnen wir unsere Haltung zur Entscheidung an sich anders ein als bisher. Entscheiden wir ab sofort nicht mehr so bewusstseinslos wie bisher. Spätestens jetzt geht uns ein Licht darüber auf, welch göttliches Geschenk es ist, frei entscheiden zu können. Damit meine ich noch nicht einmal die politische Dimension, die ist ein anderes Thema.

### Entscheiden als Aktivfaktor

Auch wenn ich mich wiederhole, ich werde nicht müde, den Aktivfaktor ins Spiel zu bringen. Wenn wir etwas ändern wollen, müssen wir es *wollen*! Zur Beendigung meiner ganzen Palette von Leidensdramen war es so immens wichtig, mich durchzuringen, mich aufzuraffen, mir den Anstoß zu geben, gegen alle inneren Widerstände wie den Verdränger, die Aufschieberitis, und alle möglichen anderen Ableger meiner Ängste. Wie lange hatte ich eben nichts unternommen! Über die Gründe habe ich mich lang und breit ausgelassen, und verlängerte dadurch mein elendes Leiden!

Daher mein Apell: Wir müssen entscheiden *wollen*, uns zu den Entscheidungen durchzuringen, also uns für die Entscheidung *entscheiden* ohne dieses ganze Wenn und Aber, sonst geschieht ... nichts! Das sollte uns nun klar sein. Mit Ammas wahrhaft geheiligtem Hinweis müssten wir geradezu beflügelt sein.

*Willst du eine Wende schaffen, sei felsenfest entschlossen! Was du brauchst ist, dass du dich entscheidest! Ohne Wenn und ohne Aber.*

Zum Entscheidungsprozess im Allgeneinen: Nicht immer finden wir spontan zu einer Lösung. Oft ist die Ausgangslage kompliziert. Auch und gerade, wenn der Prozess andauert, sollten wir eventueller Ungeduld oder irgendwelchem Druck keinesfalls nachgeben. Entscheiden wir, wenn wir Klarheit haben, nicht vorher. Schließlich wollen wir zu einem belastbaren Resultat gelangen, das uns von unerwünschten Umständen endgültig befreit. Wenn uns dies gelingt, werden wir einen hohen Sieg über Trägheit und andere Widerstände, zum Beispiel über die Angst erringen und damit die Hoheit über einen gewichtigen Lebensaspekt.

Deshalb: Entscheide niemals mehr ohne die Einbeziehung deiner bevorzugten Höchsten Instanz!

Wenn die Ausgangslage schwierig ist, wir den Überblick verlieren oder keinen Ausweg erkennen, kann man sich schon mal Hilfe von außen suchen, warum nicht. Aber es bietet sich doch an, sich zuerst dort umzusehen, wo wir bereits sind: In unserem Inneren. An diesem heiligen Sitz steht uns im Grunde alles zur Verfügung, was wir brauchen – nicht nur überraschend zielführende Informationsquellen, sondern gleichzeitig die Verbindung zu den hohen Instanzen, die untrennbar mit uns verbunden sind. Ja, ich habe sie Gott genannt. Und meine schallenden Aufrufe nach „oben" habe ich Gebet genannt. Die Betitelung steht jedem frei.

Egal, in welcher Lage wir uns befinden, an welchem Ort, ob zu Hause, im Schneidersitz oder wie ein Derwisch im Zimmer herumtigernd, im Auto, weinend, bittend, flehend, wir können uns in tausenderlei Umständen befinden, wir können alle Befindlichkeiten, die uns gerade beschäftigen, in unseren Entscheidungsprozess einbringen, wie immer wir die Instanz, an die wir uns richten, auch nennen wollen.

Wenn Glücklichsein von unserer Entscheidung abhängt, worauf warten wir dann noch? Diese goldene Regel beinhaltet doch auch, dass, wir uns für die Liebe entscheiden können.

Wem das mit der Liebe zu hoch angesiedelt ist, der kann bescheidener beginnen, zum Beispiel damit, guter Laune zu sein, geduldiger, freier, entspannter, toleranter, hilfsbereiter, angstfreier! Atemberaubend, oder? Alles Beiträge für inneren Frieden und der ist – wir waren schon beim Thema – die Voraussetzung für äusseren Frieden.

Aber du musst es *tun*!

Lasst uns mit einer Übung beginnen:

180

*Miese Laune? Entscheide dich für die gute Laune.*

*Macht dir ein Mitmensch das Leben schwer? Entscheide dich für das Verständnis seiner Geschichte.*

*Hast du Angst? Entscheide dich, vertrauen zu können.*

Ersetze meine Beispiele mit deiner eigenen Liste.

*Hast du schon ein paar Entscheidungen getroffen? Großartig! Weiter: Lässt die miese Laune schon nach? Bist du schon entspannter? Lässt die Angst schon nach? ... Jein? Nächste Entscheidung: Mach weiter. Seufz? Der innere Störer sucht seinen Auftritt. Mach erst recht weiter! Schon ein bisschen ruhiger? Spürst du schon mehr Distanz?*

*Lächelst du schon? Jetzt lächelst du, stimmts? Auf einmal mag dein Lachen herausplatzen.*

So zum Beispiel und natürlich in tausend Varianten könnte es gehen. Und wenn die aufgeheiterte Laune nur kurze Zeit anhält? Die Erfahrung wird es dann wert gewesen sein. Beim nächsten Rückfall werden wir auf ein unschätzbar wertvolles Faustpfand zurückgreifen können, zum Beispiel: *Damals hast du gelächelt.*

Natürlich ist einem nicht immer nach einer Übung dieser Art zumute und auch nicht immer nach einem Lächeln. Wenn dein Thema es zulässt, dann lies ein schönes Buch, geh ins Café und beobachte die Leute um dich herum. Unterhalte dich mit einem verständnisvollen Menschen, geh fein essen oder zum Joggen oder unternimm etwas anderes. So schaffst du Distanz zu den Umständen und das wirkt entspannend. Das erforderte alles lediglich eine Entscheidung.

An welch fabelhafte in uns schlummernde Fähigkeit uns Amma erinnert, ist das nicht geradezu ein Mittel um Wunder zu erschaffen, als wäre es ein Instrument der Magie? Vielleicht ist es das auch und für den Fall würde ich die Frage anhängen, warum alle Welt meint, Magie wäre nur ein paar auserwählten Menschen vorenthalten oder die gebe es nur in „Middle Earth".

Alles Anlässe genug, nicht mehr zu warten auf die Unbekannte namens St. Nimmerleinstag, sondern *jetzt* zu beginnen, uns zu entscheiden.

*Jetzt!*

Eckhart Tolle genügt dieses unscheinbare und doch so kraftvolle Wort für seinen Buchtitel *„Jetzt",* und in seinem Buch dreht sich tatsächlich alles um den ewigen Moment des *Jetzt.* Ein universelles Thema! Der Untertitel: *„Die Kraft der Gegenwart"*:[26]

Meine Empfehlung: Unbedingt lesen!

Vor der universalen Dimension des *Jetzt, wie* Eckart Tolle sie meint, würde ich mich klein wie ein Floh fühlen müssen, wollte ich sie thematisieren. Also lass ich es. Aber im Zusammenhang mit der Thematik der Entscheidung trägt dieses unterschätzte Wörtchen einen gewichtigen Aspekt in sich: *Jetzt* ist ein Aktivwort. *Jetzt* fordert auf und versieht den Prozess des Entscheidens mit Energie. *Jetzt* kann wie ein Befehl wirken!

---

[26] (Tolle, 2001)

Wagen wir es, uns zu befehlen, *jetzt* zu beginnen, unser Leben zu verändern? Uns zu befehlen, glücklich sein? Hab ich ein „Jaaaaa!" gehört? Fantastisch! Oder eher ein genervtes Backenaufblasen und Pusten? Das träfe auf mein Verständnis. Viel zu lange drückte ich mich um Entscheidungen mit dem Ergebnis, dass die Hände feucht wurden, wenn ich nur dran dachte, ich mich im Nachtschweiß badete vor lauter Angst und ähnliche Symptome mehr. Aber niemand muss meinem schlechten Beispiel folgen. Hätte ich früher angefangen, was wäre mir für ein Höllenritt erspart geblieben! Deshalb meine Bitte: Nehmt einen kürzeren Weg als ich. Ein Tipp, den mein Lebenslauf diktiert: Entscheidet euch. Im Jetzt! Und jetzt.

Eine Entscheidung, die wir nicht gleich treffen, ist eine leere Hülse und den Konflikt weiter mit uns herum zu schleppen kostet eine Menge Energie und Nerven. Der Jetzt-Befehl markiert den ersten Schritt in Richtung eines unbeschwerteren Lebens. Wer früher beginnt, erntet auch früher den Erfolg, nicht wahr? Gibt es einen Anlass, etwas zu ändern und wir tun es nicht, ist das gleichbedeutend damit, uns tatenlos beim Leiden zuzusehen. Das wäre ein Anlass zu fragen, ob wir zum Masochismus neigen.

Worauf also noch warten? Sei aktiv! Jetzt! Der Entscheidungssatz beginnt immer mit **jetzt.** Ich entscheide **jetzt**, dass ... .

Bei selbstverwirklichten Meistern ist eine Entscheidung ein Sankalpa, das kommt aus dem Sanskrit und bedeutet in etwa Göttlicher Befehl. Ein Meister ist völlig frei von jeglicher Begrenzung, weshalb sein Wort frei von Einschränkungen ist und bedingungslos wirkt, was tatsächlich einem Befehl gleichkommt. Das heißt aber nicht, dass wir uns gleich des Größenwahns oder der Blasphemie beschuldigen müssen, wenn auch wir diese gegebene Gesetzmäßigkeit in unserer wenn auch noch so eingeschränkten Bewusstheit anzuwenden beginnen. (Wir sind mehr und wir können mehr als wir glauben).

*Entscheiden und unterscheiden*

Es gibt keine Ausrede mehr. Wir besitzen ein Instrumentarium, durch das wir in der Lage sind, komplette Lebenstendenzen um 180 Grad zu drehen. Oder auf den Punkt gebracht: Wir können viel mehr!

Das ist tatsächlich nichts Neues. Wir haben diese Wahrheit wie auch viele andere nur weitgehend vergessen, wohl auch eine Folge der neuzeitlichen Ausrichtung unserer Denk -und Verhaltensorientierung allein an Verstand und Intellekt. Und wenn von diesem kostbaren Geschenk ein Fitzelchen doch einmal in irgendwelche Hirne trudelte, blieb es oft unverstanden oder wurde oberflächlich missbraucht mit hohlen Apellen wie: „Alles ist möglich". So manches Getrommel bei diversen Positiv-Denk-Schulen, Vortänzern auf Hallenbühnen und in Seminarsälen, die sich ihre Verführer-Rhetorik teuer bezahlen lassen, zeugt davon. Die dieser zweifelhaften Zunft angehören, haben vielleicht eine Idee, wie man in kurzer Zeit Geld ver-

dienen kann, und damit sind sie mit ihrer befleck-
ten Weisheit auch schon am Ende

Ja, es *ist* alles möglich, aber um diese spirituelle
Dimension zu erlangen, gehört mehr als sich in der
Kunst der manipulativen Verkaufspsychologie zu
üben.

Es geht um Leben und Tod ..., nein, ganz so dramatisch ist es nicht. Aber es *geht um unser Leben*, das
ist unbestreitbar. Und in *unserem* Leben können
nur *wir allein* die Entscheidung treffen, das Instrument Entscheiden bewusster als bisher anzuwenden. Es ist nun mal *unser* Leben und sonst
niemandes, also sollten wir die Entscheidungen
darüber auch niemandem und nichts anderem
überlassen (Freiheit!).

Zu dieser Bemerkung sei die Ergänzung gestattet,
von der weiter vorne bereits die Rede war, der
zufolge letztendlich gar nicht wir selbst es sind, die
unser Denken, Tun und Handeln bestimmen. Je
bewusster wir uns mit dem, was wir die Quelle
nennen können, verbinden, um so mehr erhalten
wir von dort Führung. Auf dem Boden dieser Haltung unsere Entscheidungen zu treffen, gestattet
uns, uns stets *„Von guten Mächten wunderbar geborgen ...* " zu fühlen, dem großen Dietrich Bonhoeffer sei Dank für dieses unübertrefflich tiefe und
berührende Lied.

Hier möchte ich eine große geheimnisvolle Unbekannte ins Spiel bringen: Die Gnade. Wie deren Gesetzmäßigkeit wirkt, entzieht sich uns weitgehend. Ich jedenfalls war bisher der Meinung, Gnade kommt oder sie kommt nicht. Ihre Wirkungsweise wäre auf ewig außerhalb unserer Einflussmöglichkeiten.

Doch es gibt eine grandiose Überraschung. Auch was die Gnade betrifft, öffnet uns Amma das große Buch der Weisheit:

*„Es ist unsere eigene Anstrengung, die als Gnade von Gott zurückkommt".* [27]

Als ich das hörte, war ich sprachlos. Diese Worte besagen nichts anderes, als dass wir Gnade auf uns ziehen können durch unsere Haltung und durch unser Handeln.

Zum Thema Gnade gibt es viel Begriffsverwirrung und Unwissenheit. Ich empfehle hierzu dringend die Schriften Ammas zu studieren, s. Anhang.

Natürlich können wir anläßlich unserer Entscheidungsbemühungen auch mal den Eindruck bekommen, dass sie ins Leere laufen. Wir sollten dem mit Milde begegnen. Die weisheitsvolle Botschaft über die Gnade gibt uns die Gewissheit, dass überhaupt keine unserer Bemühungen ins Leere laufen. Wenn sowieso schon die Spatzen von den Dächern

---

[27] Amma in ihrer Rede in München, Zenith-Halle, Oktober 2012

pfeifen, dass aktives Handeln bei weitem effizienter ist als nichts zu tun, dann erst recht, wenn wir „wissen", dass unsere Anstrengungen sogar in Gestalt von Gnade zu uns zurückkommen können.

Den Zaudernden und Zweiflern habe ich Trost bereit: Bei mir war zuerst einmal ganz schön Sand im Getriebe meiner Selbstfindungs-Maschinerie. Sich auf den Weg zu machen, ist kein Vorgang für einen Moment. Wir haben es mit einem Prozess zu tun. Der erfordert Geduld. Anscheinend brauchte ich Zeit zum Reifen, zum Verstehen, was auch immer. Vielleicht brauchte es erst ein paar „freigespülte" Leitungen in meinem Geist und das würde bedeuten, Übung macht den Meister (bitte den Meister nicht wörtlich nehmen, danke). Möglicherweise hatte ich meine Entscheidungen mit zu vielen Erwartungen überfrachtet oder war mehr mit dem Verstand bei der Sache anstatt mit Herz und Vertrauen. Doch nach und nach stellten sich positive Resultate ein und ich versichere, diese Erfahrungen lassen mein Herz heute noch hüpfen.

Was haben wir nicht alles für kostbare Instrumente der Selbstbestimmung in den Händen. Wir brauchen sie nur noch in unser Handeln einzubinden und unser Leben wird reicher werden.

Warum starten wir nicht die ganz praktische Probe aufs Exempel? Für den freien Parkplatz. Für die Konzentration bei Prüfungen. Für den Empfang der inneren Stimme. Für Klarheit. Freude, Entspanntheit, um Fremdbestimmung mit Souveränität zu ersetzen. Für ein gesteigertes Einfühlungsvermögen, für vertiefte Sensibilität gegenüber Egotendenzen, z.B. auf Rechthaberei verzichten zu können. ...

Ein Grund, eine weitere, eigene, Liste anzulegen.

Hierzu eine höchst nützliche und praktikable An-
regung aus Eckhart Tolle`s Buch: [28] Tolle macht uns
darauf aufmerksam, dass wir uns bei Problemen
und Konflikten grundsätzlich immer mit drei Fragen bzw. Konsequenzen konfrontiert sehen:

Kann ich die Situation: *Verlassen?*

Wenn nicht, kann ich die Situation: *Verändern?*

Wenn auch nicht: *Akzeptiere sie ganz!*

Eine effektive Methode zur Herstellung und Erhal-
tung innerer Hygiene. Anwendbar bei festgefahre-
nen Krisen wie auch im klein-klein des Alltags und
kann zügig dazu beitragen, verworrene Konstellationen zu klären. Eine Entscheidungshilfe erster
Güte.

Weil es von so enormer Bedeutung ist, sei nochmal
an den Grundsatz erinnert, der meine Erfahrung
spiegelt:

Je mehr wir einer inneren Quelle als unfehlbare
Instanz vertrauen, umso verlässlicher funktioniert das Instrument der Entscheidung!

Der eine oder die andere mag mit dem Umgang
einer solchen Instanz seine Probleme haben. Meine
dringende Empfehlung ist, sich nicht einmal im
Ansatz davon abbringen zu lassen, sich *trotzdem*
dafür zu entscheiden! Gerade im Umgang mit unseren Zweifeln und Unsicherheiten gelangen wir mitten hinein ins gerade beabsichtigte Thema.

---

[28] Tolle, S. 194

*„Erst entscheidest du, was du wählst, dann mache ich es möglich".*

Sagt niemand anderes als: GOTT! Aus einem der Walsh-Bücher. Die genaue Quellenangabe ist mir leider verlorengegangen.

Hallo!!! Diese Worte von höchster Stelle hätten Fanfarenklang verdient, bedeutet er doch nichts anderes, als dass unsere Entscheidungen Schöpfung sind! Entscheiden wir also, glücklich zu sein. Entscheiden wir aktiv. Unterscheiden wir beim Entscheiden. Seien wir uns der Gnade sicher.

*Bewusst entscheiden führt uns von der Bedürftigkeit zur Freiheit.*

## II. Freiheit statt Bedürftigkeit

*Alles dreht sich um die Freiheit*

*„Wir sind innerlich unfrei, wie der Vogel mit gestutzten Flügeln im goldenen Käfig und gebunden durch Fesseln des Ruhms, gesellschaftlicher Stellung und Vermögen. Diese Fesseln sind mit wunderschönen Blumen dekoriert. Es geht ... darum, wie diese uns knebelnden Fesseln gelöst werden können. ... Der Blumenschmuck ist nur oberflächlich. Beim genaueren Hinsehen erkennen wir, dass die Fesseln unter den Blumen verborgen sind. Es ist notwendig, das Gefängnis als Gefängnis anzusehen und nicht als*

*unser Zuhause. Nur dann gelingt uns der Sprung in die Freiheit ...*"[29]

Da wir gerade dabei sind, uns selbst zu erforschen, können wir gar nicht anders, als auf den Riesenkomplex Freiheit zu stoßen.

Wenn im Allgemeinen von Freiheit bzw. Unfreiheit die Rede ist, dann sind meist politische Verhältnisse in Ländern gemeint, die diktatorisch gelenkt sind, wo Korruption oder andere inhumane Zustände die Menschen traktieren oder um den strafrechtlichen Freiheitsentzug. Diese üblicherweise angewandten Freiheitsbegriffe sind einseitig und unvollständig. Sie lassen die innere Freiheit als Voraussetzung für äußere Freiheit außer Acht. Fehlt innere Freiheit, herrscht äußere Unfreiheit.

Sich über die innere Freiheit von Menschen auszulassen, die in äußerer Unfreiheit leben müssen, ist ohne Frage ein sehr herausforderndes Unterfangen. Da ist Mitgefühl eher angebracht als „gescheite" Sprüche über Bedürftigkeit. Trotzdem, man kann es drehen und wenden wie man will, Freiheit und Bedürftigkeit stehen in Widerspruch zueinander. Bei aufrichtiger Untersuchung unserer inneren Freiheit sehen sich die meisten von uns unweigerlich mit irgendeiner Form von Bedürftigkeit konfrontiert. Sicher in unterschiedlichsten Variationen und Intensitäten, doch die Ursache innerer Unfreiheit ist praktisch immer eine Bedürftigkeit, und die entsteht im Außen.

---

[29] Mata Amritanandamayi, Reinige unser Herz;  S. 74

Angesichts der Bedeutung der Freiheit für unser gesamtes Leben hier ein unübertreffliches Zitat zur Klärung:

*„In dem Maße, in dem du nicht gänzlich frei bist, bist du nicht gänzlich freudig – und in dem Maße bist du auch nicht voll und ganz liebend.".* [30]

Diese kristallklare Definition weist uns die Richtung und richtet unsere Sicht auf die umfassende Bedeutung der Freiheit: Sie ist ein Aspekt der Liebe. *Alles* im Leben dreht sich um die Liebe – oder um ihre Abwesenheit. Wo sie fehlt, kann es keine Freiheit geben. Wo Liebe eingeschränkt ist, ist die Freiheit eingeschränkt. Freiheit gibt es nicht ohne Liebe. Liebe gibt es nicht ohne Freiheit.

Wir besitzen ein angeborenes Recht auf Freiheit. Das gilt für alle Menschen auf dem Planeten! Dass dies die Despoten dieser Welt anders sehen, ändert nichts an dieser Wahrheit. Die Politik kann hier nicht das Thema sein. Hier steht im Mittelpunkt, wie wir Individuen einen Weg finden können, die freiheitsberaubenden Einflüsse im Alltag zu erkennen und wenigstens zu verringern, wenn schon nicht komplett auszumerzen.

Hier ein paar willkürlich ausgewählte Beispiele alltäglicher Freiheitsberaubung:

Wie sollen wir Ruhe finden, wenn unser Leben sich wie im Hamsterrad gefangen abspult? Wie sollen wir uns frei fühlen, wenn wir unter Druck stehen? Handeln wir frei und entspannt, wenn wir voller Angst sind? Und bleibt nicht unsere persönliche

---

[30] Walsch N. D., Freundschaft mit Gott, S. 318

Freiheit auf der Strecke, wenn wir im inneren Drama verstrickt wie fremdbestimmt unsere Entscheidungen treffen sollen? Wir geraten im selben Maß in Abhängigkeiten, wie wir an Freiheit einbüßen.

Fremdbestimmung ist ein weiteres Standbein der Unfreiheit, die uns auch in unseren Breiten in epidemischer Ausbreitung im Genick sitzt. Entsprechend mangelt es fast überall an Freiheit – und infolgedessen an Liebe!

Den Deckel von diesem Sauertopf zu heben, erfordert zuerst einmal Überwindung. Da steigt einem die übelriechende Ausdünstung all der Freiheitsfresser in die Nase. Der Mief des ganzen Mix vermittelt einem als erstes die Feindschaft gegen das Mitgefühl. Wer Freiheit einschränkt, ist ohne Mitgefühl. Der Mangel an Mitgefühl vergiftet in einem Ausmaß die Beziehungen unter den Menschen, dass die Frage berechtigt ist, ob Mitgefühl überhaupt noch in irgendeiner Gesellschaft als Grundwert respektiert wird. Auf die Frage, an was es der Welt am meisten mangele, antwortete Amma auch tatsächlich, es sei das Mitgefühl. Dieser Mangel sei das Hauptproblem der Menschheit in dieser Zeit.[31]

Egoistischen Motiven wie Geiz, Gier und Machtstreben räumt man heute seltsam gleichgültig, teils gar mit unverhohlener Bewunderung erste Priorität ein und die Mittel und Wege dahin verkauft man uns als Freiheit. Als ob Macht und Vermögen, Geiz und Gier ein Glücksbrunnen wäre. Das ist er

---

[31] Amma während eines Interviews an der Stanford-University 2014

nicht einmal für die, die bereits Macht und Vermögen besitzen. Nein Macht und Vermögen, Geiz und Gier führen allzu oft zu einer schäbigen Freiheit verglichen mit einer Freiheit, die dem Geben Vorrang einräumt vor dem Nehmen.

Alles Verhalten, jegliches Handeln im Leben lässt sich letztendlich mit folgendem Satz auf ihren wahren Nutzen überprüfen:

*Handeln wir unfrei, ist Liebe abwesend und es kann keinen wahren Nutzen geben und umgekehrt.*

Hamsterrad, Druck, Angst, inneres Drama, Fremdbestimmtheit, Abhängigkeit sind massenhaft auftretende Einschränkungen von Lebensqualität. Die Phänomene sind keineswegs unbekannt, trotzdem scheinen viele sie hinzunehmen, wohl in vermeintlicher Ermangelung an Lösungswegen. Das ist traurig, denn die gibt es zuhauf.

Ich büßte durch meinen Absturz gewaltig an Freiheit ein. Für mich Gründe genug, diesem Thema einen breiteren Raum zu widmen.

Ich fiel in eine eiskalte Ernüchterung, als ich erleben musste, wie unvermittelt ich mich in Ketten gelegt fühlte. Ich kann euch meine damit ausgelösten Gefühle nur mit diesen einfachen Worten wiedergeben: Es war die Hölle! Es hat mich fast zerrissen. Und als ich realisierte, wie vielen Mitmenschen es hierzulande ähnlich ergeht, machte mich das sehr nachdenklich.

Keine Sorge, ich bin mir der großen Errungenschaft hinsichtlich der äußeren Freiheit in unserem Land voll und ganz bewusst. Ich bin noch im Krieg geboren und weiß was es bedeutet, in einer der stabilsten und friedlichsten Regionen der Welt leben zu dürfen.

Aber wenn wir uns umschauen, bleibt uns nicht verborgen, dass auch hierzulande erschreckend viele Mitmenschen in einschnürender Enge vor sich hin leiden. Wie wenige leben wenigstens in relativer Freiheit, von einer absoluten will ich gar nicht sprechen, um von sich behaupten zu können, es gehe ihnen grundlegend gut? Ich kenne nicht viele.

Es läßt sich nicht leugnen, wir sind alle Verantwortungsträger. Könnte es sein, dass uns die Erinnerung an das Bild vom gemeinsamen Boot, in dem wir alle sitzen, gerade etwas sauer aufstößt? Ja, das ist eine lästige Erinnerung. Die Beobachtung, wie widerstandslos die Leute, also wir, dafür die eigene Freiheit hingeben, müßte uns aufwühlen.

*Freiheit? Das haben wir schon immer so gemacht. Freiheit? Das haben wir noch nie so gemacht. Freiheit? Ja wenn die anderen so blöd sind ... Hauptsache meine Taschen bleiben voll bis zu meinem Ableben. Nach mir die Sintflut.*

So schwände sie dahin, die Freiheit und die Liebe gleich mit und das wäre tragisch!

Ein naheliegendes Beispiel par excelance zum Freiheitsverlust ist, wenn wir die Fassung verlieren. Wer kann schon von sich behaupten, nicht hin und wieder außer sich zu geraten, manchmal auch vor Wut. Aber wenn wir außer uns sind, sind wir entfernt von uns selbst und damit weg von der Freiheit, denn die haben wir als erstes *in* uns zu erschaffen. Gerade die Wut ist ein anschauliches Beispiel dafür, wie schnell wir unsere Freiheit einbüßen können. Aber das Leben besteht doch aus lauter alltäglichen Situationen, nicht wahr? Der Verlust unserer Freiheit findet allgegenwärtiger statt, als wir uns eingestehen wollen! Welch eine Verschwendung menschlicher Ressourcen, zumal doch auf der Hand liegt, was uns als Folge davon blüht: Teufelskreise ohne Ende! Die beschränken unseren Aktionsradius wie den eines Kettenhundes, sperren uns ein wie den Papagei im Käfig, wir hecheln atemlos im Kreis herum wie im berüchtigten Hamsterrad. Die Reichweite des Themas Freiheit ist gewaltig. Entsprechend ernst sollten wir unsere Sensibilisierung diesbezüglich nehmen.

Was gab es nicht schon alles an Katastrophen – persönliche wie globale - deren Ursprung im Verlust der Freiheit bei einzelnen Personen lag. Hass und Aggression entluden sich und führten zielgenau wiederum zu Verlust an Freiheit und in Folge davon zu seelischer wie körperlicher Verstümmelung, nicht selten massenweise! Entstanden aus Angst führte es zur Angst. Entstanden aus Unfreiheit führte es zu Unfreiheit.

Angst ist der fundamentalste Freiheitsräuber und sie haust dort, wo es an Freiheit mangelt. Unser Leben, die Gesellschaft in den meisten Regionen des Planeten ist befallen von einem gigantischen Virus. Sein Name: Freiheitsfresser. Er ist der Sumpf, den es auszutrocknen gilt.

Die Mehrheit der Weltbevölkerung leidet unübersehbar unter dem Entzug von Freiheit. Diese schmerzliche Erkenntnis zwingt uns dazu festzustellen, dass die einen es als unabwendbares Schicksal hinzunehmen scheinen (oder dazu gezwungen werden), während die anderen ihre anrüchigen Vorteile daraus ziehen. Dabei liegt es auf der Hand, dass gemäß obiger Definition am Ende alle Verlierer sind. Mich erinnert das an Schizophrenie. Das ist tatsächlich krank.

Vielleicht gibt es Ausnahmen, in denen man in äußerer Unfreiheit gelassen bleiben kann. Sehr starke Persönlichkeiten mögen das erreichen und das deshalb, weil sie weitreichende innere Freiheit verwirklichen konnten. Im Zustand innerer Unfreiheit ist es aber unmöglich glücklich zu sein.

Jetzt soll es aber genug sein mit dem Finger in der Wunde. Wir sind keinesfalls chancenlos. Ohne die Kirschen zu hoch zu hängen, wir können einschreiten, wenn Freiheitsverlust droht.

Wie weit wir Freiheit verwirklicht haben, lässt sich leichter überprüfen, als es angesichts der Komplexität des Themas den Anschein hat. Unser komplettes Verhalten und Handeln lässt sich daran überprüfen, wie der tiefere Nutzen in Bezug auf die gefühlte Freiheit ausfällt: Handeln wir auf der Basis von Liebe, Mitgefühl, Empathie, Verständnis, werden wir mit Sicherheit eher Freiheit erlangen als ohne. Handeln wir mit diesen Einstellungen, fördern wir automatisch auch die Freiheit der anderen. Welch ein wunderbarer Automatismus! Handeln wir ohne diese Basiseigenschaften, kann es keine Freiheit geben. Das wäre auch ein Automatismus, aber auf den sollten wir leicht verzichten können.

Freudig sein können, voll und ganz lieben können, siehe oben, wäre eine starke Orientierung für jeden. Darunter kriegen wir echte Freiheit nicht, echte Liebe nicht, ein erfülltes Leben nicht!

Die Meister, die Weisen, die Mahatmas, sie haben kein anderes Ziel, als uns frei zu machen. Ihnen geht es ausschließlich um unsere innere Freiheit. Um die äußere Freiheit machen sie sich nicht viele Gedanken, weil sie wissen, dass sie automatisch der inneren folgt. Sie ermuntern uns, in uns selbst zu forschen, die Wahrheit innen zu suchen. Sie ermutigen uns, niemals aufzuhören zu vertrauen und versprechen uns, dass die Angst überwindbar und wahrhaftige Freiheit auch für uns verwirklichbar ist. Sie kennen den Weg, wie wir unsere akuten Konflikte an der Wurzel packen, uns aus dieser entfesselt sich drehenden Zerstörungsdynamik befreien können. Diese befreiten – freien - Seelen wissen, worüber sie reden, wenn sie uns über Freiheit belehren. Am Beispiel ihres eigenen Lebens weisen sie den Wahrheitsgehalt ihrer Worte nach. Und was uns in höchstem Masse glücklich und zuversichtlich machen sollte, sie bieten uns Hinweise, Methoden, Botschaften in Hülle und Fülle, sogar buchstäblich offene Arme wie im Fall von Amma. (Embrazing the World. Die Welt umarmen.) Sie, diese großen Seelen, (Mahatma = große Seele) sind in der Lage, uns eine verlässliche Orientierung zu geben auf unserem Weg in ein freieres Leben. Der Verlauf meines persönlichen Lebens ist einer der Gründe für meine Überzeugung.

Was es bedeutet, wenn wir unser Handeln eher am Geben orientieren und welche Dimension an Freiheit dadurch erschaffen werden kann, veranschaulicht folgende Geschichte, die uns Amma schenkte:

*„Eine Kettenreaktion*

*Eine junge Frau begegnete auf ihrem Arbeitsweg einem Fremden, der einen äußerst traurigen Gesichtsausdruck hatte. Spontan lächelte sie ihn an. Das Herz des Fremden erfüllte sich dadurch mit Freude. Es fiel ihm ein Freund ein, der ihm früher in einer schwierigen Lebensphase sehr geholfen hatte und er beschloss, ihm einen Dankesbrief zu schreiben.*

*Dieser Freund öffnete den Brief im Restaurant, wo er eben gegessen hatte. Die liebevollen Worte seines alten Bekannten machten ihn sehr gut gelaunt und in seiner Freude gab er der Bedienung reichlich Trinkgeld. Diese kaufte damit ein Lotterielos, hatte Glück und zog den Hauptgewinn.*

*Mit diesem Geld in der Tasche bemerkte sie auf dem Heimweg einen Bettler, der elend im Straßengraben lag. Sein Körper war übersät mit Quetschungen und eiternden Hautverletzungen. Mit einem Teil ihres Gewinns ließ die Frau den Leidenden in ein Krankenhaus bringen und medizinisch versorgen.*

*Als der Bettler entlassen wurde, erblickte er einen kleinen völlig abgemagerten Hund. Sein Herz fühlte Mitleid mit dem verlassenen Tierchen und er hob es zärtlich auf. Es war Abend und Zeit, sich nach einem Schlafplatz umzusehen. Er fragte die Bewohner eines komfortablen Hauses, ob er irgendwo im Garten übernachten könnte. Sie boten ihm die Veranda an und versahen ihn mit einer Decke.*

*In dieser Nacht brach in diesem Haus ein Feuer aus. Der kleine Hund sah die lodernden Flammen und bellte und bellte bis er alle Hausbewohner aufgeweckt hatte. Da in dem Haus keine Rauchsensoren installiert waren, hatte die Familie es dem Hund zu verdanken, dass sie alle die Feuersbrunst unbeschadet überlebte.*

*Der kleine Sohn der geretteten Familie wurde später ein großer Weiser, ein Mahatma. Sein Leben und seine Lehren spendeten tausenden von Menschen in aller Welt Trost und Hoffnung."* [32]

Positivspiralen in Gang zu setzen führt nicht nur uns selbst zu mehr Freiheit und Glück, sondern bringt auch anderen Licht in ihr Leben. Wie einfach das sein kann. Ein Lächeln kann genügen!

Kettenreaktionen kenne auch ich zur Genüge, lange Zeit drehten sie sich allerdings in die falsche Richtung, als Negativ-Spiralen. Mein Alltag damals entsprach dem klassischen Teufelskreis. Ich fühlte mich zutiefst bedürftig. Zuerst nach Erfolg, Geld, Prestige. Als das schief ging, immer mehr nach Hilfe, Verständnis, Trost. Ich begann, mich zunehmend in eine fatale Unfreiheit hinein zu manövrieren. Daraus handelte ich zwangsläufig unfrei und handelte mir kettenreaktionsartig eine Unfreiheit nach der anderen ein.

Bei jeder einzelnen meiner unfrei getroffenen Entscheidungen war ein weiterer Verlust an Freiheit die Folge. Das entsprach regelmäßig dem Verlust gerade dessen, was ich mit der jeweiligen Entscheidung beabsichtigte (mehr Einkommen, unabhängiger, einflussreicher, freier(!), sozial anerkannter ...) Ich wurde das Opfer meiner eigenen

---

[32] Matruvani 2000, Devi Bhava Satsang, S.13

unfrei getroffenen Entscheidungen und erreichte das Gegenteil dessen, was ich anstrebte. Ein waschechter Teufelskreis. Dann passierte das alles, worüber ich geschrieben habe.

Dann folgte die Zeit, in der verlorengegangene Freiheit nach und nach zurückkam. Anders ausgedrückt: Positivkreisläufe ersetzten die Teufelskreise und parallel dazu gewann ich an Freiheit hinzu!

*Positivkreisläufe ersetzen Teufelskreise,*

das schreibt sich so einfach in die Tasten. Aber meine Güte, was diese Richtungswechsel auslösten, war ein enormer Gewinn an innerer Freiheit und was das für mich bedeutete - ich kann gar nicht so hoch springen, um das Glückspotential auszudrücken, das ich aus dem Sieg über die Teufelskreise schöpfe, auch heute noch.

Die Wende von den negativen zu den positiven Kreisläufen hatten die Dimension eines Phasensprungs. Neugeburt wäre sicher auch nicht die schlechteste Wortwahl.

Es ist so ver-rückt: Wir haben zu jeder Zeit die Chance, unsere Wegstrecke zu korrigieren, in Richtung größerer Freiheit. Kleine Schritte können schon eine Menge bewirken, siehe die Geschichte mit der Kettenreaktion oder das anschauliche Beispiel mit dem Pendel, das mit einer winzigen Bewegung seiner Achse riesige Ausschläge am Ende des Pendels verursacht. Das sollte Grund genug sein für enthusiastische Entschlossenheit: Wir müssen unsere Freiheit bewusst *wollen*.

Freie Menschen sind zu unvorstellbaren Leistungen in der Lage. Amma ist so ein Mensch. Meines

Wissens wurde noch nie beobachtet, dass Amma auch nur für eine Sekunde eine Tendenz zu nachlassender Freiheit zeigte oder einmal aus der Fassung geriet.

In welcher Vielfalt sich errungene Freiheit ausdrücken kann, sollen ein paar willkürlich ausgesuchte Beispiele verdeutlichen:

Wir finden offene Türen vor, die wir vorher für verschlossen hielten. Ein Ausdruck von gewachsener Freiheit.

Größere Freiheit nährt automatisch Hoffnung.

Wir schaffen Distanz zu den inneren Szenerien, in denen unsere Dramen auf ihren Auftritt warten und entziehen ihnen dadurch den Boden, bevor sie beginnen, uns zum Narren zu halten.

Erfolgserlebnisse, reihen sich auf wie zu einer schimmernden Perlenkette und werden so zu einem wertvollen Erfahrungsschatz.

*„Viele kleinen Dinge zusammen werden zu etwas Großem."*[33]

Wir nehmen bewusster wahr und das ist ein pures Glückspotential.

Unser Vertrauen nimmt zu. Dadurch wird unser Handeln effektive und kreativer.

Verstärkt die innere Stimme wahrzunehmen, ist die logische Folge.

---

[33] Br. Shubamrita, ein langjähriger Schüler Ammas anl. einer Rede in München, Mai 2015

Oder in aller Kürze:

Wir werden stärker, fühlen uns glücklicher, nein wir *sind* glücklicher.

Dies sind Ergebnisse hinzu gewonnener Freiheit, die wiederum weitere Freiheit nach sich ziehen. So ist das mit den Positivkreisläufen. Glaube führt zu Erfahrung. Erfahrung ist Wissen. Wissen stärkt unser Vertrauen und unsere Freiheit weitete sich aus.

Gefordert ist der Einsatz unserer Aktivität. Ohne passiert im besten Falle nichts, im schlechtesten Fall drehen sich die Teufelskreise weiter.

Als Belohnung winkt die Entdeckung der Leichtigkeit. Wir brauchen uns nur zu entscheiden. Ich habe mich entschieden.

*Freiheit in der Welt der Wirtschaft*

Niemand wird ernsthaft in Frage stellen, dass die Welt der Wirtschaft maßgeblich Einfluss auf unsere individuell empfundene Lebensqualität nimmt. Genauso wenig kann bezweifelt werden, dass es eine viel zu große Anzahl von Verlierern der Wirtschaftssysteme gibt – fast egal, um welches es sich handelt.

Auch in Deutschland, wo so gerne die starke Ökonomie gefeiert wird, ist die Zahl der Verlierer im etablierten Wirtschaftssystem erschreckend hoch.

Ich verspüre große Lust, über diese Diskrepanzen so richtig loszuwettern. Des Rahmens wegen verkneife ich es mir. Ich beschränke mich lediglich kurz auf die Frage, was Ökonomie mit Freiheit und deshalb mit Spiritualität zu tun hat. Eine Menge, wie ich meine.

Allein schon aus meiner Lebensgeschichte wird deutlich, dass dieser Zusammenhang auch mal gnadenlos ausfallen kann. Und ich lasse keine Ausrede gelten, ich sei ein Einzelfall. Es ist offensichtlich genug, wie groß die Zahl derer ist, die durch die Maschen des sogenannten sozialen Netzes fallen.

Um bei meinem persönlichen Beispiel zu bleiben, ich erlebte einen dramatischen Verlust an persönlicher Freiheit und bei der Suche nach dem Warum stieß ich geradewegs auf die Frage, wie weit dieser Verlust mit den hierzulande vorherrschenden ökonomischen Prinzipien zu tun hatte. Da wir aber beabsichtigen, nach einem Weg zu einem entspannteren Leben zu forschen, steht gleichzeitig eine andere Frage im Raume, nämlich die, wie mir meine spirituellen Bemühungen dabei hilfreich waren, mich aus diesen wirtschaftlichen Zwängen so weit als nötig zu befreien.

Auf einen allgemeinen Nenner gebracht muss man heute von einer Deformierung des marktwirtschaftlichen Systems sprechen. Noch vor ein paar Jahrzehnten hatte das unternehmerische Marketing zum Ziel, herauszufinden, worin die Nachfrage, also die Bedürfnisse der Konsumenten, Lieferanten, Institutionen usw., besteht, um dann diese Nachfrage zu befriedigen. Heute steht nicht mehr die Nachfrage im Mittelpunkt der Unternehmerstrategien. Statt der Erfüllung von Bedürfnissen heißt heute die unternehmerische Maxime, *Bedürfnisse zu schaffen*, was nichts anderes bedeutet, als dass Unternehmen bestimmen, was wir zu brauchen, sprich zu kaufen haben. Das kommt einer Entmündigung der Käuferseite gleich.

Diese Entwicklung des strategischen Wirtschaftens schlägt seit Jahrzehnten extreme Kapriolen. Da wird ohne Scham und Skrupel damit geprahlt, dass sie, die Kreatoren der Logarithmen, besser wüssten, was wir bräuchten als wir selbst. Manche von ihnen glauben tatsächlich, sie könnten (und müssten) die humane Ethik ersetzen durch eine „Ethik" der Maschinen. Man kann den nicht unbegründeten Eindruck gewinnen, sie hielten sich für die Heilsbringer des 21. Jahrhunderts und betrachteten sich als gottgleich. Angesichts dieser Arroganz und Ignoranz und Technologiegläubigkeit sträuben sich mir die Nackenhaare. Gute Nacht, Silicon Valley!

Sie scheinen allerdings etwas Entscheidendes zu übersehen: Dass wir Entscheidungsfreiheit besitzen. Wir sollten sie nutzen, wenn unsere Freiheit auf dem Spiel steht, und das tut sie. Also muss unser Apell lauten: Wir lassen uns unsere Freiheit von euch nicht rauben. Wir besitzen ein Gegenmittel: Die Spiritualität.

Die Spiritualität ist deshalb das Mittel der Wahl, weil sie letztendlich nichts anderes als unsere Freiheit zum Ziel hat. Sie stellt uns das Wertegerüst zur Verfügung, das uns mit der nötigen Energie versorgt bei der Verteidigung unserer Freiheit. Uns bleibt auch gar nichts anderes übrig, als uns zu verteidigen, wenn wir diesen perfiden Angriffen auf unsere Freiheit nicht ausgeliefert sein wollen wie ein Sklave seinem „Herrn".

Was also ist zu tun? Zum Beispiel ist es doch kein Hexenwerk, wenn wir, bevor wir beabsichtigen, etwas anzuschaffen, zu investieren, eine Dienstleistung zu nutzen gedenken, uns fragen, ob das nicht auf Kosten unserer Freiheitsbedürfnisse geht. Mit anderen Worten, was ist mein Wunsch und was bietet mir der Markt an. Bietet er mir genau das an, was meinem Bedarf entspricht, ist alles gut. Stimmt es mit meinem Wunsch nicht überein, oder nur so halbseiden oder überkommt mich ein laues Gefühl, können wir allen Überredungskünstlern die kalte Schulter zeigen, ob sie nun personeller oder logarithmischer Art sind. Handeln wir nach diesem Ansatz, haben wir schon zur Hälfte das Spiel für uns entschieden.

Stellen wir vereinfacht einmal die Ziele der Unternehmen den Zielen von uns Individuen gegenüber:

Die Formel für die Unternehmen lautet: Mehr Bedürftigkeit beim Konsumenten = mehr Gewinn für das Unternehmen.

Die Formel für uns Konsumenten lautet: Mehr Gewinn seitens der Unternehmen = mehr Unfreiheit für uns und nicht, wie man uns suggerieren will, je mehr Erfolg und je mehr Wachstum für die Unternehmen, umso mehr Freiheit für den Einzelnen.

Dieser makabre Ansturm auf unsere Souveränität nützt nur der einen Seite, wir Konsumente sind die Verlierer. Mir kommt dabei das Bild mit dem Hund in den Sinn, der stetig der Wurst hinterher jagt, sie aber nie erreicht.

Wie lange wollen wir uns dieses Treiben noch zumuten? Wir haben die Wahl. Über Instrumente, Mittel und Wege haben wir bereits geredet und wird noch ausführlicher zu reden sein. Mehr gibt es an dieser Stelle nicht zu sagen außer, dass die befreiende Wirkung dieser Mittel und Wege unzählige Male erwiesen ist.

*Ein emotionaler Exkurs in die Geschichte*

Ich denke, es macht einen gewissen Sinn, darüber nachzudenken, ob nicht vor jeder menschgemachten Katastrophe etwas überhört wurde (auch über die Frage, ob nicht jede Katastrophe letztlich menschengemacht ist). Wenn wir uns in dieser Betrachtung nur einmal auf die letzten hundert Jahre beschränken, werden wir geradezu erdrückt von Erinnerungen an nicht enden wollende Katastrophen, die ganze Völker massakrierten. Ausgangspunkt: Menschen verhielten sich menschenverachtend.

Menschenverachtendes Verhalten mündet ausnahmslos in Leid und Not. Das bedarf keiner weiteren Erläuterung. Wenn man bedenkt, dass das verursachte Leid und die Not immer auch ihre Verursacher treffen, erscheinen einem die offensichtliche und sich immer wieder durchsetzende Unbelehrbarkeit und die Ignoranz umso unverständlicher, denn der Verantwortung für sein Handeln kann sich letztlich keiner entziehen. Kein CEO, kein Politiker, kein Krimineller, kein Militär.

Wo Leid, Schmerz, Katastrophen auf den Weg gebracht werden, wird regelmäßig etwas Wesentliches mehr oder weniger absichtlich überhört bzw. übersehen: Die Notwendigkeit des Innehaltens.

Warum soll ich mir nicht vorstellen, dass diese Leute jeweils hätten innehalten können, bevor sie Leid anrichteten!? Wie Menschen Verbrechen, Leid und Versagen in die Welt zu bringen in der Lage sind – genauso können sie Verbrechen, Leid und Versagen auch verhindern, indem sie anders entscheiden! Hüten wir uns also vor dem Gift des Überhörens und des Übersehens, auch dem des Wegschauens! Hüten wir uns vor allem vor emotionalen Spontanreaktionen!

Zugegeben, der folgende Ausflug entspringt im Wesentlichen meinen Emotionen und ist rein fiktiv. Und warum lasse ich meiner Fiktion diesen emotionalen Lauf? Weil es um nichts weniger als um unsere Freiheit geht! Die Freiheit eines jeden Individuums und um viel mehr. Und weil die historischen Ereignisse nicht zu einem Zeitpunkt „damals" ihr Ende hatten, sondern immer weiter fortwirken und die Lebensqualität unzähliger Menschen weltweit bis heute beeinflussen.

Mal angenommen, diejenigen, die 1914 für den Mord von Sarajevo verantwortlich waren und damit den Beginn des Ersten Weltkriegs mit allen bekannten Folgen im Verlaufe des zwanzigsten Jahrhunderts auslösten, hätten die einfach einmal innegehalten. Die militärische Aufrüstung war längst im Gange. Eine unheilvolle militaristische Machtpolitik des Kaiserreiches, aber auch aller anderen Kriegsmächte hatte sich aufgebläht zu einer explosiven Mischung aus militärischem Fana-

tismus, politischem Größenwahn und menschen-
verachtendem Machtstreben in Politik und Wirtschaft. Egal wer sie waren, Kaiser, Generäle,
Reichskanzler, Industrielle, Minister, ... hätten die
einfach innegehalten, zu dem unheilvollen Treiben
eine innere Distanz hergestellt und einen Abgleich
mit den keineswegs unvorhersehbaren apokalypti-
schen Konsequenzen ihres Handelns vorgenom-
men – dann hätte es dieses unvorstellbare Sterben
und Quälen durch mehr als ein halbes Jahrhundert
nicht gegeben.

*Das muss man sich einmal vorstellen!*

Ich weiß. Welch eine gewagte Spekulation, hätten
die doch nur innegehalten! Aber ich schleudere
meine Frage dagegen:

*Warum nicht!*

Die damaligen politischen, militärischen und gesellschaftlichen Verhältnisse mögen enorm kom-
plex gewesen sein. Ich bin hier überhaupt nicht um
vollständige historische Klarheit bemüht. Um der
Verdeutlichung dessen willen, was ich auszudrücken beabsichtige und unter anderem, weil ich ein
Kind des 20. Jahrhunderts bin, mein Vater im Krieg
getötet und meiner Mutter ihr geliebter Mann und
uns Kindern unser Vater genommen, meine Groß-
eltern ausgebombt wurden, und weil *heute* die
Zustände in der Welt ihren Ursprung *auch* in diesen aberwitzigen Ereignissen haben, gestatte ich
mir diese Vereinfachung: hätten die nur einmal
innegehalten.

*Warum also nicht?!!*

Mit meiner Gefühlswelt, auch mit meinem Informationsstand wäre ich heillos überfordert mit dem Versuch, die Qual zu beschreiben, die der Menschheit erspart worden wäre, hätte der Erste Weltkrieg nicht seinen Lauf genommen.

Nur so viel:

*All die Not! All der Schmerz, all die Verzweiflung!*

Denken wir meine vereinfachte Betrachtung einmal weiter: Dann hätte es keine Reparationszahlungen aus den Versailler Verträgen mit den unsäglichen Folgen gegeben wie die große Wirtschaftskrise Ende der zwanziger Jahre. Damals verhungerten Menschen, so groß war die Not in Folge der vorausgegangenen Ereignisse!

*Und all die Not! All der Schmerz, all die Verzweiflung!*

Hätte dann das sogenannte Dritte Reich entstehen können und der Zweiten Weltkrieg, den die Wahnsinnigen damals auslösten mit dem unsäglichen Morden und Zerstören?

*Mit all der Not! All dem Schmerz, all der Verzweiflung?*

Bei so vielen Völkern, millionenfach in unzähligen Städten und Dörfern auf fast allen Kontinenten. Schließlich in Hiroshima und Nagasaki, und gibt es nicht auch einen historischen Bezug zu Korea und Vietnam? Und das jüdische Volk und die anderen Völker, die Städte und die Dörfer bestehen aus lauter einzelnen Mit-Menschen:

*All das unsägliche, unbeschreibliche Leid, all der Schmerz jedes einzelnen betroffenen Mitmenschen!!*

*„Kriege hat es schon immer gegeben".* Diese und andere hilflosen und geistlosen und hohlen Erklärungen der Unverbesserlichen machen mich wütend! Und wenn sie als Rechtfertigungen benutzt werden, könnte ich vollends die Fassung verlieren. Offensichtlich dient dieses dümmliche Geschwätz, wie es leider heute wieder verstärkt auftritt, nur ihren durchsichtigen zynischen Zwecken und wenn es beim einen oder anderen einfach nur Ausdruck dröger Stammtischemotion oder gleichgültiger Couchbequemlichkeit ist, bleibt das Resultat ihres Verhaltens dasselbe und verringert übrigens ihre Verantwortung nicht um ein Jota.

*Als ob die nicht einfach auch einmal innehalten könnten!*

*Hätte, wäre, wenn, ist doch alles vorbei.* Ja, dieser Gedanke könnte sich schon mal aufdrängen. Er ist aber auch das Abbild von Bequemlichkeit, und will den Verbindungsfaden von „Früher und Dort" zu heute aus dem Bewusstsein drängen.

*Wie ist die Welt heute? Immer noch und immer wieder: All die Not! All der Schmerz, all die Verzweiflung! Und morgen?*

Die ewig Gestrigen, die Augenverschließer und die Machtgierigen mit ihren Institutionen, Investitionen, Strategien, Seilschaften, ihren lächerlichen „Geheimbünden", die menschliche Grundwerte wie Rücksicht, Allgemeinwohl oder Verantwortung auf den Müll werfen und für die Mitgefühl eine Dummheit ist - man könnte es einfach bei der Feststellung belassen, dass es sie nun mal gibt. Ihre Zahl nimmt aber heute wieder zu. Das ist unfassbar und muss jeden verantwortungsvollen Menschen dazu aufrütteln, niemals zu vergessen:

*All die Not, all der Schmerz, all die Verzweiflung, das Leid, die Hoffnungslosigkeit, die Tränen.*

100 millionenfach im vorigen Jahrhundert, das erst ein paar Jahre her ist. Und millionenfach noch heute. Wir sind nicht aus der Verantwortung entlassen. Das sind wir nie! Die Erfahrung mit dem Gestern bestimmt die Gegenwart und die Gegenwart bestimmt das Morgen! Das muss unser Ansatz sein!

Es geht auch anders. Wie viel Leid und Ungerechtigkeit wurden der Menschheit erspart durch einen Mahatma Gandhi, einen Martin Luther King? Sie wurden beide umgebracht! Oder durch Nelson Mandela, Willy Brandt, durch eine Mutter Theresa, einen Karlheinz Böhm. Wie viel Hoffnung und Kraft fanden und finden Menschen durch Beispiele wie das der Geschwister Scholl, von Dietrich Bonhoeffer und den anderen Angehörigen des Widerstands während der Naziherrschaft wie ein Graf von Stauffenberg und den vielen anderen bewundernswerten und mutigen Seelen, ich kann sie unmöglich alle nennen. Aber war es nicht so, dass sie irgendwann einmal innehielten und sich für einen anderen, einen neuen Weg entschieden? Mal den des politischen Widerstands, mal aus purem Verantwortungsbewusstsein oder einfach dem gesunden Menschenverstand folgend oder einfach der reinen Menschenliebe wegen. Welchem Weg sie auch immer folgten, sicherlich führten sie immer wieder einen teils heftigen inneren Kampf – gegen Gewohnheiten, Trägheit, Ängste und tausend innere und äußere Widersprüche und Widerstände. Aber als das empfundene Chaos unerträglich und unakzeptabel wurde, mussten sie innegehalten haben, um dann zu handeln – und die Welt zu verändern.

Wir brauchen und wir können nicht alle als Revolutionäre, Helden oder Samariter auftreten. Das vorbildliche Verhalten der großen Bewusstseinshelden spricht nun mal eine deutliche Sprache. Mögen sie uns Orientierung geben.

Jeder von uns, der vor einer unübersichtlichen Entscheidung lieber noch einmal innehält, um vielleicht herauszuhören, ob er gerade etwas Wesentliches „überhört", und sich deshalb nicht oder anders entscheidet, ist irgendwie doch ein Held, ganz allein für sich, vielleicht doch auch für die Welt. Denn wenn es stimmt, dass wir alle untrennbar zusammenhängen, jedes einzelne Wesen in der Natur mit jedem einzelnen Wesen in der Natur - alle Weisen behaupten dies übereinstimmend - dann bedeutet eine Veränderung im Einzelnen eine Veränderung des Ganzen. Dies weist glasklar auf unsere Gesamtverantwortung hin. Jeder für sich *und* für alle anderen. Die Bemühung dazu lohnt! Das braucht doch keine Erläuterung, oder?

*„Deine Zukunft wird in winzigsten Schritten hervorgebracht, nicht mit einer einzigen großen Entscheidung. Es sind diese winzigen Schritte, auf die du achten musst. Dann werden die `großen Momente` und `monumentalen Entscheidungen` sich um sich selbst kümmern."* [34]

---

[34] Z.i.G, S. 255

*Wir sind nie allein*

In sorgenvollen Zeiten neigen wir zu Verlassenheitsängsten. Gerade wenn die inneren Dramen drohen oder schon dabei sind, uns in ihrem Strudel mitzureißen, fühlen wir uns verlassen, meinen, dass niemand oder nichts da wäre, der oder das uns beisteht, uns irgendwie eine rettende Hand reicht. Mir ging es damals auch so. Heute setze ich meine Erfahrung dagegen. Die läßt sich so zusammenfassen:

*Da ist immer „Etwas", das da ist.*

Ich halte es für nicht so bedeutend, wie wir das „Etwas" nennen. Entscheidend ist, dass wir darauf vertrauen, dass es da „Etwas" gibt.

Ich war so enttäuscht damals über all mein Missgeschick und zeitweise tief deprimiert, wütend und hilflos. Als die Zwänge zum – ich nenne es Wissen-Wollen - aufkamen, blieb mir nichts anderes übrig, als mich nach einem *Irgendwo* hinzuwenden. Das ist ja sozusagen wissen-wollen-immanent. Der Anstoß dafür war, dass ich nicht akzeptieren wollte, alleine und verlassen dazustehen.

*Ich akzeptierte nicht, dass da Nichts sein soll, dass ich allein dastehe, dass mein Jammern ungehört bleibe.*

Eine Initiation, eine Ausgangsmotivation, den Kampf gegen die Zweifel aufzunehmen, die unaufhörlich den spärlichen Rest an Glauben traktieren wollten, der mir noch geblieben war.

Die Abwehrschlacht gegen meine Zweifel war gleichzeitig ein Kampf um meine Bewusstwerdung. Im Detail waren Methoden und Orte unterschiedlich: Verzweiflungsgebete, „Innere Wanderschaft", meditative Versenkung und konnte je nach dem an den unterschiedlichsten Orten geschehen. Einmal in Fahrt gekommen, versuchte ich unablässig die Verbindung zu diesem „Etwas" herzustellen, von dem ich inständig hoffte, es möge doch endlich „den Hörer abnehmen". Zeitweise rannte ich wie ein Getriebener durch den Tag, gab nicht eher Ruhe, bis ich glaubte, etwas von dem Geheimnisvollen am anderen Ende der Leitung wahrgenommen zu haben, hoffend, dass „ES" bald Trost in meine Seele träufelt und das wäre einmal eine durchaus empfehlenswerte Getriebenheit.

Später gestanden mir die damaligen Mieter unter mir, dass sie mich deshalb den Speedy nannten. Mir war die Hellhörigkeit meiner Wohnung leider nicht bewusst. Ich glaube, sie haben mir verziehen.

Meine umtriebige Suche hatte Folgen, ich berichtete darüber. Diese Wahrheit schrieb mein Leben und meine Erlebnisse belegen es: Etwas muss da sein!

*Mensch Leute, egal wie besch...eiden es euch gehen mag, seid euch sicher, ihr seid nie, nie, nie alleine!*

Auch wenn euch „Das" noch zu entfernt erscheint, bringt die Bereitschaft ein, euch dem Unbekannten zu öffnen. Das ist der Weg, um Zweifel zu besiegen. Ich bin in dieser Weise vorgegangen und erhielt Antworten und Resultate, an die ich vorab gar nicht glauben konnte.

Leute, wie frei ich mich heute fühle! Gestattet mir diesen Ausruf. Wie sonst soll ich meine erlangte Freiheit und die damit ausgelösten Gefühle lebendig genug beschreiben? Vielleicht noch mit der spürbar reduzierten Angst. Dem Erleben von Leichtigkeit. Von allem etwas, aber da war noch mehr. Ich kann ja nicht seriös behaupten, ich wäre angstfrei. Aber sie drangsalieren mich heute viel, viel weniger als früher. Inzwischen gehört zu meinem Erfahrungsschatz, dass es nur eine Frage der Zeit ist, bis die Angst sich verflüchtigt. Dass es im einen oder anderen Fall auch mal länger dauern kann, ist angesichts der tausenderlei Intensitäten und Variationen von Ängsten selbstverständlich. Auch für diese Fälle gelten die beschriebenen Mittel und Wege. Ein hochkarätiges Geschenk, oder? Ein Hoch dem Erfinder der Geduld!

Eine eindringliche Bitte: Bezüglich der Orientierung an eine übergeordnete Instanz warne ich vor Halbherzigkeiten. Auf den Märkten der Esoterik, der Coaching-Szene und anderen tummeln sich eine Menge Pseudo-Gurus. Ich rate dringend zu einem erhöhten Unterscheidungsvermögen. Oft ist angeraten, einen großen Bogen um sie zu machen. Manche mögen seriöse Lehrer sein. Lehrer aber sind für das äußere Lernen, können deshalb nie innere Orientierung bieten! Sollte einer das Gegenteil behaupten, renn weg, so schnell du kannst! Allzu oft werden nur Strohfeuer entfacht, die ganz schnell nur noch Asche zurücklassen, übrigens auch aus eurem Geld. Für ernsthaft Suchende kann das katastrophale Folgen haben, denn wenn jemand wegen solcher Eiferer in seiner notleidenden Suche ernüchtert und enttäuscht wird, kann endgültig Glaube und Hoffnung verloren gehen, wodurch die Suche aufgegeben wird und das käme tatsächlich einer persönlichen Katastrophe gleich.

## III.  Angebote gibt es in Hülle und Fülle

*Persönliche Erklärung*

Zu meinen kostbarsten Erfahrungsschätzen gehört, dass ich offene Türen vorfand, hinter denen die Angebote in unversiegbarer Fülle nur darauf warten, von mir angenommen zu werden. Natürlich unter der Voraussetzung, dass ich die Türen auch öffne. Das tat ich leider nicht immer. Zu bestimmten Zeiten war mir ihre Existenz gar nicht bewusst, und wenn doch, erkannte ich nicht die dahinter wartenden Verheißungen. Als ich mich durch die Lebensumstände gezwungen sah, nach rettenden Auswegen zu suchen, fand ich eine offene Tür nach der anderen, ging hindurch – und kam bereichert wieder heraus.

*Es gab alles, was ich brauchte.*

*Es gibt alles, was wir brauchen.*

Was ich an Methoden und mentalen Techniken in meiner jeweiligen Lebenslage finden konnte und die mir nützlich und hilfreich waren, nenne ich nachfolgend und beschreibe sie jeweils kurz. Ich versichere, dass ich nur empfehle, was ich nicht selbst praktiziert habe.

Vorab in aller Deutlichkeit:

Ich bin kein autorisierter Meditationslehrer oder Ähnliches. Ich gebe lediglich Erfahrungen weiter, soweit sie mich bereichert haben, und das tu ich sehr gerne. Die Quellen, denen meine Anregungen entstammen, sind ganz unterschiedlich. Ich werde jeweils kurz auf sie eingehen.

## *Gedanken auf Distanz halten*

Erstes und oberstes Gebot bei jeder aktiven Selbstfindung ist, innerlich zur Ruhe zu kommen. Jede seriöse Quelle nennt als erste Bedingung, um dem inneren Lärmen zu entkommen, die Besänftigung unserer Gedankenströme. Das ist einerseits leichter gesagt als getan. Andererseits stehen uns genügend Hinweise, Mittel und Methoden zur Verfügung, die uns dabei unterstützen, unseren übergeschäftigen, oft aufgewühlten und manchmal rasenden Geist zu beruhigen.

Grundsätzlich ist es allein schon erfrischend und beruhigend, sich still hinzusetzen und die inneren Szenerien einfach nur zu beobachten. **Ganz wichtig:** Die unerlässliche Voraussetzung ist, wir beurteilen nichts aber auch gar nichts von den durchlaufenden Gedankeninhalten. Bleiben wir so konsequent wie möglich bei der distanzierten Beobachtung, etwa wie wenn wir im Kino sitzen und wissen, wir sehen kein reales Geschehen sondern nur auf eine Leinwand projizierte Bilder.

**Dies ist eine äußerst wichtige Regel!**

Würden wir der Verführung des Beurteilens verfallen, würden wir schneller als uns lieb ist erleben, dass genau dort die Angst lauert, dabei wollten wir die doch gerade loswerden. Sobald wir also an irgendwelchen Inhalten kleben bleiben, was ganz normal ist, brechen wir ab, sammeln uns neu und beginnen von vorne. Dies wäre ein Anfang für jemanden, der keine weitergehende Methode zur Beruhigung des Geistes zur Verfügung hat.

Gelingt uns die beobachtende Distanz zu den Gedanken, führt das automatisch zu einer Erweiterung unseres Horizontes. Wir betreten Bewusstseins-Neuland. Das ist ganz und gar unspektakulär. Erwartet also am besten: Nichts! Allein diese Vorgehensweise ist schon eine Bereicherung und sollte uns zum Weitermachen motivieren.

Die Anleitung zu einer wunderbar wirkungsvollen und leicht zu praktizierenden Meditation findet sich in Eckhart Tolles schon erwähntem Buch: *„Jetzt. Die Kraft der Gegenwart"*. Bitte dort nachlesen. Ich wende sie häufig gerne an.

*Aufsuchen der Quelle*

Als mir das Loslassen nicht gleich gelingen wollte, weil mich die Gedankenströme zu sehr fesselten, war (und ist) meine Methode, die Innere Quelle aufzusuchen. Das mag dann etwas von einem Gebet haben, warum auch nicht, muss man aber nicht so nennen. Wer es nicht Gebet nennen mag, ersetze es mit Namen seiner Wahl. Dieses Aufsuchen hilft immer weiter. Auf mich wirkte dies belebend und hat mir oft ein Lächeln herbeigezaubert, was wiederum meine Entschlossenheit stärkte, weiter zu machen. Durchhaltevermögen ist sowieso Teil der Methode. Wer nach zwei Tagen aufgibt, wird Santiago nie erreichen.

Dabei ging ich ganz ungeniert vor. Ohne feste Struktur, ohne langes Überlegen legte ich los, wie mir gerade war. Seufzte, klagte, schimpfte, ausgerichtet an meiner momentanen Stimmung, mit dem Ziel, alles Bedrückende nach irgendwohin loszuwerden. Am besten gelang das, wenn ich so fokussiert wie möglich ausgerichtet war, entweder auf mein Inneres oder in den Raum, der mich umgab, und der musste nicht an den Zimmerwänden enden. Nicht selten sorgte allein schon die Absicht, ohne zu zögern mit so einer Hinwendung zu beginnen, für eine deutliche Besänftigung meines Geistes, was dann wieder eine gute Basis zur Meditation war.

## Meditation

Fast schon magische Momente erlebte ich in einer Art Stehmeditation. Ich erlernte sie nirgends. Meine innere Unruhe drängte sie mir wohl von alleine auf: Ich stand abends oder nachts im unbeleuchteten Zimmer unbeweglich aber ebenso entspannt auf einem Fleck, schaute dabei ins Nichts und stellte mir so phantasievoll und konkret wie irgend möglich die Anwesenheit von Erhabenheit, Heiligkeit, von etwas Heilendem, im Raum vor, etwas das mich beschützt und mir hilft. Du kannst es Gott nennen, Jesus oder was immer du bevorzugst. Natur, Schöpfung oder einfach Stille. Du brauchst es auch gar nicht zu benennen. Mit dieser Methode gelang ich automatisch in einen inneren Phantasieraum. Ich lauschte, ob ich etwas vernahm. Wenn ich meinte, da war etwas, „antwortete" ich darauf oder auch nicht. Das sind äusserst subtile Vorgänge und ich konnte mir nie sicher sein, ob ich nicht mir selbst antwortete – aber macht das einen Unterschied? Damit das Stehen nicht zu ermüdend wurde, lehnte ich mich leicht irgendwo an. Diese abendlichen Stehmeditationen stärkten eine Ahnung in mir: Da gibt es Etwas außerhalb von Körperlichkeit und Verstand. So können magische Augenblicke entstehen. Aus ihnen schöpfte ich das sichere Gefühl, *nicht alleine zu sein.*

Yoga ist ein weiterer empfehlenswerter Weg, zu innerer Ruhe zu finden. Ich ging jahrelang in eine gute Yogaschule in München und behaupte, dass es zusammen mit den meditativen Zielen, die meines Erachtens Grundlage von seriösem Yoga sein muss, kaum ein kompletteres Fitnessprogramm für Körper *und* Geist gibt als Yoga.

Grundsätzlich allen Methoden und Techniken vorzuziehen sind solche, die von erleuchteten Meistern gelehrt werden.

Dazu hat Amma folgendes gesagt:

„Wenn nicht eine beträchtliche Veränderung in deinem Bewusstsein und damit in deiner Einstellung erfolgt, werden deine Probleme nicht aufhören... Dein Geist wird dich weiterhin überreden, dich den Situationen des Lebens zu entziehen, und dich mit falschen Versprechungen für die Zukunft in die Irre führen. Indem du ein weitverbreitetes Missverständnis ablegst – die Vorstellung, dass deine Probleme der äußeren Lebenssituation zuzuschreiben sind -, kannst du deine Probleme ein für alle Mal lösen. Erkenne, dass die Schwierigkeiten auf deine eigene Denkweise zurückzuführen sind. Wenn du dir dessen erst einmal bewußt bist, kannst du mit dem Prozess der Beseitigung deiner inneren Schwächen beginnen. Das Mittel, womit dies erreicht wird, ist Meditation. Nur die innere Ruhe, die Gelassenheit und Entspannung, die du durch Meditation gewinnst, können dir dabei helfen". [35]

Diese Aussage macht die unersetzliche Bedeutung von Bewusstseinsarbeit generell und der Meditation als Mittel dazu ein für alle Mal deutlich.

Dass ich in den siebziger Jahren eine Mantra-Meditationstechnik erlernte, die Transzendentale Meditation, (TM) erwähnte ich bereits (Mantra: „Heilige Silbe, Heiliges Wort"[36]). Manche Begleitumstände wie der Preis für den Erhalt des Mantras sind allerdings bedenklich.

---

[35] Amritanandamayi, Der Weg der Weisheit und Liebe, S. 175

Mata Amritanandamayi, Gespräche mit Amma, s. Glossar

Noch ein wichtiger Hinweis zur Mantra-Meditation: Ein Mantra sollte ausschließlich von einem selbstverwirklichten Meister gegeben werden, was bei der TM nicht der Fall ist. Aus heutiger Sicht halte ich das sogar für ein unbedingtes *Muss*! Im mindesten Fall würde ein Verstoß gegen diese Bedingung die Bemühung in Wirkungslosigkeit verpuffen lassen, was schon schlimm genug wäre für jemanden, der seine Hoffnung in einen solchen Weg gesetzt hat. Im schlechtesten Fall kann großes Unheil angerichtet werden. Heute meditiere ich mit einem Mantra von Amma.

Von Amma kann man ein Mantra und die Anleitung zur richtigen Anwendung erhalten. Einem Suchenden kann nichts Besseres passieren, als ein Mantra von Amma zu bekommen, da lege ich mich fest. Amma besucht jedes Jahr auf ihrer Europatour auch München, das Seminarzentrum Hof Herrenberg nahe Frankfurt und weitere Städte in Europa und überall kann man ein Mantra von Amma erhalten. [37]

Unter den Meditationsmethoden, die ich kenne und praktiziere, ist die I.A.M.-Meditation, die Amma für uns entwickelt hat, das Juwel. Sie wird in den Amma-Zentren kostenlos angeboten und nach Anmeldung dort gelehrt.

*Die Integrated-Amrita-Meditations-Technique® ist einzigartig, indem sie eine Integration von sanften Körper-Übungen mit wirksamen Meditationstechni-*

---

[37] S. Website www.Amma.de, dort sind u.a. alle Informationen zu finden, wo Amma auf ihren Weltreisen Station macht

*ken verbindet. Sie kann von jedem in 20 Minuten ausgeführt werden und ist für jeden zugänglich.* [38]

Eine ganz andere Form der Meditation ist die Rezitation. Aus den geheimnisvollen Tiefen indischer Weisheitslehren erreicht uns eine Rezitationsform, die tausend verschiedene Aspekte des Göttlichen namentlich aufruft. Sie beruht auf einer sehr alten Tradition: Dem „Sri Lalita Sahasranama", der *Rezitation der tausend Namen der Göttlichen Mutter*. Über dieses unbegreiflich segensreiche Ritual sagt Amma:

*„Devi (die göttliche Mutter) wird immer jene beschützen, die das Lalita Sahasranama jeden Tag mit Hingabe rezitieren. Sie werden niemals hungern müssen und es wird ihnen niemals an Notwendigem mangeln. Doch spirituell werden sie wachsen."* [39]

Eine erregende Message in unserer an Weisheitstraditionen armen Zeit! Es ist leichter damit zu beginnen, als man glaubt. Ich verstehe nichts von den ehrwürdigen Weisheitstraditionen Indiens. Aber erstens scheinen uns in unserer Kultur Weisheiten dieser Erhabenheit abhandengekommen zu sein, und zweitens, warum sollte ich mich den tausendjährigen Traditionen und Erfahrungen der Gläubigen und der erleuchteten Meister aus alter sowie heutiger Zeit und ihrem zeitlos gültigen Wissen verschließen?

---

Aus der Informationsbroschüre für die IAM. S.a.: www.iam-meditation.de

[39] Archana-Buch, 2008 veröffentlicht vom Mata Amtitanandamayi Mission Trust, Amritapuri, Kollam, Indien

Wem diese Rezitationsform zu fremdartig erscheint, dem möchte ich entgegnen: Wenn dies jedermann darf – und jedermann darf, und wenn dies jedermann kann – und es kommt nicht auf Perfektion dabei an, sondern eher auf die hingebungsvolle Absicht, wenn es von berufener Instanz empfohlen wird – und es wird, und wenn es so einfach ist – warum in aller Welt sollten wir es dann nicht tun?! Näheres hierzu kann man erfahren in den verschiedenen Ammazentren. [40]

Jede ernsthafte Bemühung um innere Ruhe gibt uns Halt unter unseren Füssen, schafft inneren Frieden, steigert unsere Lebensqualität und Effektivität im Handeln. Alle genannten Wege und natürlich adäquate andere sind letztlich Wege zu Gott, dem Göttlichen in uns, zu uns selbst. So gesehen ist jedes Gebet Meditation und jede Meditation Gebet. Meditation ist eine unersetzliche Voraussetzung zur Beseitigung unserer inneren Störfelder (Amma, s.o.). Regelmäßige Meditation ernsthaft in unseren Alltag integriert bedeutet nichts weniger, als einer neuen Bewusstseinsdimension in unserem Leben den Weg zu bereiten.

*Spiritualität im Alltag*

*„Kinder,... Spiritualität ist die Wissenschaft des Gemüts. Sie lehrt uns, wie wir den Problemen des Da-*

---

[40] Kontaktadressen s. Website www.Amma.de

*seins zu begegnen vermögen, wie wir in seinem auf und ab Gleichmut bewahren und alle Prüfungen und Widerwärtigkeiten überwinden können, um ein Leben zu führen voller Zufriedenheit und anhaltenden Glücks... Wenn wir verstehen, was Spiritualität ist, realisieren wir, wer wir sind. Wir entdecken das Geheimnis des Glücklichseins."* [41]

„Das Geheimnis des Glücklichseins", wir wären wortwörtlich von allen guten Geistern verlassen, würden wir dieses Geheimnis nicht entdecken wollen. Die ganze Menschheit sucht seit ewigen Zeiten nach diesem Glückspool, der die beglückende Freiheit bescheren soll, dies aber offensichtlich wieder und wieder mit den falschen Mitteln. Wie weit sind wir bis heute gekommen?

*Da ist noch so viel Leid!*

Mir ist ganz und gar unverständlich, dass die meisten Menschen heutzutage Berührungsängste mit Themen wie der Erweiterung des Bewusstseins, also mit Spiritualität, zu haben scheinen. Neben vielen anderen Qualitäten ist es die Güte, die Spiritualität in uns fördert. Aber wie ist es nur zu erklären, wenn beispielsweise in Talkshows, Diskussionen oder in der Presse immer wieder verächtlich der Begriff „Gutmensch" fällt, wenn es einmal tatsächlich um eine gute Tat geht? Das klingt für mich so, als könnten sie einen guten Menschen nicht ertragen oder sie wollten menschliche Güte totschweigen, als wäre sie ihnen irgendwie peinlich. Das ist widersinnig und zeugt von dramatischer Orientierungslosigkeit!

---

[41] Amma in: Matruvani, Dezember 2003

Als ich damals am Boden lag wie ein k.o. gegangener Boxer war mir tatsächlich jede Orientierung abhandengekommen. Saft -und kraftlos befürchtete ich, dieser Dämon mit dem Namen Versagen und Verlust ringt mich ganz und gar nieder. Meine Fähigkeit, je wieder vertrauen und noch an irgendetwas glauben zu können, schien zerstört. Gottseidank rührte sich hinter dieser Niedergeschlagenheit diese noch trüb durchschimmernde Quelle, die ich immer wieder erwähne, dieser Wurzel, von der ich überzeugt bin, dass sie jeder von uns in sich trägt, unzerstörbar und unabhängig vom Schicksal, das einen vielleicht gerade traktiert. Vielleicht ist es möglich, sie zu vergessen. Vielleicht ist es möglich, nicht an sie zu glauben.

*Doch ist es wie mit der Sonne: Mögen Nebel oder Wolken sie verdecken, es ist unmöglich, sie zu verlieren!*

Vielleicht handelt es sich dabei um unsere Seele. Bedeutet dies verallgemeinert, dass sich in *jeder* Verzweiflung die Energie zum Entkommen aus ihr verbirgt? Ich behaupte Ja!

Eine Kraft, die aus der hinter der Verzweiflung schlummernden Leere zu kommen scheint, muss im Spiel sein. Mir war sie ganz und gar nicht bewusst, aber ein Quäntchen Energie muss mich gestreift haben, muss aus dieser Leere geblubbert sein. Mir Hilfe dieser Energie gelang es mir, einen Zipfel Zuversicht zu packen, und das obwohl mein Glaube an Rettung zu der Zeit gegen Null tendierte. Als ob etwas in mir „gewusst" hätte, dass da noch irgendetwas sein muss, das mich retten wird. Dieser nun wirklich nicht exakt beschreibbaren Konstellation entsprang der Funke, der mir mein Aufbäumen ermöglichte. Das einzige, was es jetzt noch brauchte, um den Funken in eine lodernde Flamme zu verwandeln, waren Wille und Vertrauen. Und nein, felsenfesten Willen und Vertrauen besaß ich keineswegs, aber von beidem wenigstens ein poröser Rest genügte erst einmal. Das Universum ist sehr großzügig.

Das letztlich Unbeschreibbare existiert. Es hat mich berührt. Von woher sollte sonst meine unerschütterliche Sicherheit herrühren? Für mich war ES da. Es ist für jeden da. Zu jeder Zeit! Zur Öffnung müssen wir bereit sein. Das ist der springende Punkt. Gegen alle Widerstände für die Öffnung zu kämpfen, wird die Berührung, wie ich es umschrieben habe, herbeizaubern. Diese Kraft ist, um im Bild zu bleiben, stärker als Klitschko und Muhammed Ali zusammen. Sie, diese geheimnisvolle Energie, stöberte mich immer wieder auf. Warum? Das weiß ich nicht, Es klingt nach großem Mysterium und ist wohl auch eines. War es meine Seele? Mein Gemüt oder meine Psyche? Meine soziale Verankerung? War es der liebe Gott? Oder ein Engel? Das Göttliche in uns? Die Kraft, die das Universum zusammenhält? Ich weiß es nicht. Nur eines ist mir gewiss und endgültig eingereiht in meine Schlüsselerfahrungen: Wie von unsichtbarer Hand gelenkt fand ich den Weg aus der Lähmung heraus und erreichte ganz neue Ufer.

Vertrauen wir darauf, befinden wir uns bereits auf dem spirituellen Pfad. Vertrauen wir nicht, verfehlen wir das Hauptziel unseres Lebens. Ich vertraute. Ich aktivierte mich. Ich entschied mich. Die Folge war pures Erleben von Wundern:

*Ich erlebte* Licht am Ende des Tunnels.

*Ich erlebte,* dass *immer* ein Ausweg existiert.

*Ich erlebte,* dass es etwas geben muss, das ich stellvertretend für all die vielfältig verwendeten Bezeichnungen DAS GÖTTLICHE nenne.

*Ich erlebte,* dass wir immer auf Hilfe hoffen, ja, auf sie bauen dürfen, und wenn wir meinen, nicht hoffen zu können, uns trotzdem die Entscheidung bleibt, es zu können. Ja, das klingt verrückt, ist es aber nicht, wenn Amma uns versichert, glücklich zu sein sei unsere Entscheidung.

*Ich erlebte,* dass die Türen zum erfüllteren Leben immer offenstehen und dass ich das getrost als Gesetzmäßigkeit betrachten und in mein Lebensinstrumentarium aufnehmen darf.

Und ja,

*ich erlebte,* dass man mit Gott so reden kann, wie einem gerade der Schnabel gewachsen ist.

Tränen zu einer Heiligen Instanz geweint sind kraftvoller als tausend oberflächliche Gewohnheitszeremonien.

Mein Fazit:

Uns die Übung anzugewöhnen, jeden Moment vertrauensvoll willkommen zu heissen, egal welcher Gemütszustand sich gerade in uns eingenistet hat, öffnet die Tür zum Paradies um mehr als einen Spalt!

Vertrauen entsteht nicht per Knopfdruck. Die Schritte zur Vertrauensbildung leben von der Erinnerung an die bereits erzielten Fortschritte und mit der Zeit häufen die sich. So geht es immer weiter und irgendwann erwächst aus der Erfahrung Sicherheit, wird aus der Sicherheit Gewohnheit. *Das* vermag Vertrauen zu leisten, aber noch viel mehr. Nur den ersten Schritt, den müssen *wir* gehen.

Dem Vertrauen verleihe ich deshalb diesen hohen Stellenwert, weil es den Unterschied ausmacht zwischen diesseits und jenseits vom Intellekt. Niemand kann ernsthaft vorschlagen, wir sollten unseren Verstand nicht gebrauchen. Aber ich behaupte, dass er nicht die Hälfte wert ist, wenn wir ohne Vertrauen handeln. Wie lautet nochmal die Antwort in „Gespräche mit Gott" auf die Frage, ob SEINE Botschaften beachtet werden? *„Die meisten nicht, weil sie gar nicht empfangen werden."*[42] Was besagt, dass Botschaften *immer* zu uns unterwegs sind. Und was sind das für Botschaften? Aus welcher Quelle stammen sie? Wer könnte diese Frage schon beantworten? Also fragen wir nicht lange nach dem Unbeantwortbaren. Wir brauchen nicht gleich die tiefsten Geheimnisse der Schöpfung enträtseln wollen. Versuchen wir es mit dem Gangbaren. Machen wir uns auf den Weg, den wir nun ohne Scheu den *Spirituellen Weg* nennen dürfen, wenn wir wollen. Erschließen wir ihn uns mit all den wunderbar praktiklablen Instrumenten und Methoden und pflastern ihn mit unseren Erfahrungen und mit der steten Gewissheit, dass wir begleitet sind. Zögere nicht! Beginne jetzt! Mach die Probe aufs Exempel, dann wirst du schon bald Überraschendes und Großartiges zu berichten haben. Wer nicht beginnt, wird auf das Überraschende und

---

[42] G.m.G., Bd. 1, 23,

Großartige weiter warten müssen. Das wäre tragisch!

Die unbeirrte Einbettung unseres gesamten Denkens und Handelns in eine konsequente Spiritualität zeugt von Klugheit. Vertrauen ist eine der Hauptadern der Spiritualität. Dasselbe gilt für die Dankbarkeit. Alle von mir beschriebenen Wege wie die Bekämpfung der Angst, die Selbsterforschung, der bewusste Einsatz des Entscheidungsaktes waren und sind die einzelnen Etappen meiner spirituellen Reise. Die Spiritualität als Ganzes ist aber weit mehr als die Aneinanderreihung der Einzelschritte zu ihr. Spiritualität führt uns zum Geheimnis des Glücklich-Seins, sagt Amma. Alles, was zum wahren Glücklich-Sein führt, ist demnach Spiritualität. Eine Entscheidung für die Spiritualität ist der Weg *und* das Ziel. Spiritualität *ist* bereits das Ganze. Wir brauchen nicht auf irgendeine Ankunft zu warten, schon im Unterwegssein haben wir alles.

Einerseits bin ich in meinem Verständnis sicher Lichtjahre davon entfernt, was Amma mit wahrer Spiritualität meint. Andererseits verstehe ich die genannten Ereignisse und Begegnungen in *meinem* Leben als *mein* individueller Weg. Alles hatte und hat Platz in meinem Alltag, ist mein Alltag. Mein Tempel war und ist, wo ich mich gerade aufhalte. Alle Empfehlungen, Hinweise, Instrumente und Methoden, die mir geschenkt wurden und werden, begleiten mich durch meinen Alltag. Meine Aussagen über sie spiegeln naturgemäß lediglich mein eingeschränktes Verständnis für sie wider. Sie darüber hinaus zu bewerten, wäre sinnlos. Jeder schafft Tatsachen auf seine Weise. Dass aber *meine* spirituellen Bemühungen *meinen* Alltag bestimmen und diesen Alltag in einen spirituellen Alltag verwandeln, ist *meine* Tatsache. Mein Fazit dazu:

*Spiritualität ist alltagstauglich.*

*Spiritualität ist Alltag.*

*Spiritualität ist das genaue Gegenteil von Weltfremdheit!*

*Spiritualität lässt uns das Geheimnis des Glücklich-Seins entdecken.*

*„Von mir kommt dein erhabenster Gedanke, dein klarstes Wort, dein edelstes Gefühl. Alles, was weniger ist, entstammt einer anderen Quelle... . Der erhabenste Gedanke ist immer jener, der Freude in sich trägt. Die klarsten Worte sind jene, die Wahrheit enthalten. Das nobelste Gefühl ist jenes, das ihr Liebe nennt. Freude, Wahrheit, Liebe. Diese drei sind austauschbar, eines führt immer zum anderen".* [43]

*Freude, Wahrheit, Liebe.* Das ist das Fundament für ein Leben in Würde und ein Leben, das nach menschlicher Würde strebt, ist gelebte Spiritualität.

Nun sehen wir, Hinweise darauf, wie wir zu einem leichteren Lebensgefühl finden können, gibt es mehr als genug und selbstverständlich entspricht meine Aufzählung meinen eingeschränkten Möglichkeiten, aber eben auch meinem Erleben.

Woran es den meisten von uns mangelt, ist die Bereitschaft zur Suche. Wer sich auf den Weg macht, wird sehr bald feststellen, dass die Suche

---

[43] G.m.G., Bd. 1, S.22, 23

bei weitem einfacher ist, als unser verkomplizierender Verstand uns glauben lassen will. Ich erinnere noch einmal an das Beispiel mit dem Pendel, bei dem minimale Änderungen innen (an unseren Denk- und Verhaltensgewohnheiten) weite und ungeahnte Ausschläge, also Wirkungen im Außen, bewirken.

Wer sich ernsthaft auf eine fortwährende Innenforschung einlässt, wird sich auf spannende Entdeckungsreisen in bisher unbekannte Bereiche unseres Bewusstseins begeben und sich erstaunliche Erkenntnisse in der *Unbegrenztheit des inneren Raumes* erschließen, wie Maharishi dies einmal so treffend formuliert hat.

Ich hoffe, ich konnte mit der Schilderung meiner Lebensreise einigermaßen zur Quintessenz dessen vordringen, auf das es mir ankam:

*Dem Innen den Vorzug vor dem Außen zu geben. Diese Haltung hat meinem Leben anhaltende Leichtigkeit beschert!*

Dafür musste ich etwas tun: Mich entscheiden. Immer wieder aufs Neue. Ich habe mich entschieden. Und du?

**„Es ist unsere eigene Anstrengung, die als Gnade von Gott zurückkommt".**[44]

---

[44] Amma in ihrer Rede in München, Zenith-Halle, Oktober 2012

Aus der Tiefe meines Nichtwissens quillt eine Ahnung empor: Da muss ETWAS sein, was DAS GANZE immerfort entstehen lässt und zusammenhält, und DAS ist nicht abstrakt und nicht seelenlos. Mir scheint es ganz nah und jederzeit erreichbar zu sein. Ich erhalte Antworten von DORT, wenn ich frage und wenn ich nicht frage, kommen Botschaften. ES ist immer schon da, bevor ich wohin auch immer komme und ich bin mir ganz sicher, bei dir ist es genauso.

Es wird wohl so sein, dass ich ohne DAS nicht einmal den nächsten Atemzug tun kann, geschweige denn irgendeinen vernünftigen Satz zu Ende bringen.

Was auch immer geschehen ist, jetzt fühle ich mich in einer Gewissheit geborgen, die mir nach all der erlebten Schwere eine gelassene Leichtigkeit schenkt. Ich fühle mich auf meinen Weg geleitet. Ich brauche nicht mehr zu suchen, nur immer weiter zu gehen. Welch unfassbares Geschenk! Mein Dank kann nur eine Haltung sein, Worte können ihn nicht umfassen.

Die Vorsehung, die heiligen Instanzen und Bewahrer der reinen Weisheit mögen uns alle weiter mit ihrer Gnade segnen und mit dem Licht ihrer unversiegbaren Liebe unser Dasein in stetig wachsender Weise erhellen.

*ICH DANKE AMMA UND ALLEN MEISTER-
TRADITIONEN.*

*MÖGEN ALLE WESEN IM UNIVERSUM FRIED-
VOLL UND GLÜCKLICH SEIN.*

# Anhang

*Ich danke Euch*

Mir ist so unendlich viel geschenkt worden, mich erreichte unerwartet großzügige Hilfe und mitfühlende Unterstützung über unvorhersehbare Wege, aus teils unerklärlichen Quellen.

Ich kann nicht alle die wunderbaren und selbstlosen Freunde, Helfer und Wegbereiter nennen, die mir ihren Beistand schenkten und es immer noch tun, mit ihrer Freundschaft, ihrem Verständnis, alle auf ihre Weise. Alle zu nennen wäre allein schon deshalb unmöglich, weil manche seelenvolle Geste mich anonym erreichte. So wie an einem jener Weihnachten, als Feiertage mich nur schmerzten, weil es nichts aber auch gar nichts zu feiern gab für mich, und ich aus dem Briefkasten ein anonymes Kuvert zog mit einfühlenden Weihnachtsgrüßen und Geldscheinen darin, die in dieser schweren Zeit wie Engelstaler meine seelischen Wunden kühlten. Und ein anderes Mal erreichte mich ein Halbjahres-Mega-Los der Fernsehlotterie, Auftraggeber: „Amma" (hat der unbekannte Auftraggeber als Absender ins Formular eingetragen). Mein Herz erzittert noch heute tief ergriffen, wenn ich mich an die Herzenswärme des Absenders erinnere, seinem unausgesprochenen Wunsch entsprechend möge ich doch den einen oder anderen Hauptgewinn ziehen.

Ich gedenke euch demütig. Mein Wunsch ist riesengroß wie verlegen, all euer Verständnis und euer mitfühlender Trost möge tausendfach verstärkt zu euch allen zurückfließen; verlegen, weil ich gar nicht weiß, wie ich es anstellen soll, damit mein Wunsch sich verwirklicht. Die Hüter von Karma und Dharma werden es schon richten. So bleibt es bei meinem Wunsch und seid versichert, er ist zutiefst aufrichtig, wie es wahre Dankbarkeit nur sein kann. Ich empfinde es als großes Glück und als Gnade, solch großartigen Freunden und Boten begegnet sein zu dürfen auf meiner Erdenreise. Möge die segensreiche Vorsehung nie aufhören, euch mit Seligkeit zu überschütten.

Manche Namen habe ich genannt, wie Johanna und Martin, die mich unfassbar geduldig und selbstlos begleiteten. Eure freundschaftliche Liebe, die Ihr mir in größter Not entgegenbrachtet und bis heute anhält, machte mich mitunter sprachlos. Wenn gesagt wird, Gott habe uns nur Engel gesandt, seid Ihr der Beweis.

Was ich an tatkräftiger Unterstützung von der Familie Wecker, auch von Shekar Shivshankar erfahren durfte, ebnete meinem damals abrupt in der Sackkasse gelandeten Leben entscheidend den Weg heraus zu Hoffnung und Zuversicht. Dass Ihr mir in meiner aussichtslosen Lage einfach nicht mehr länger zusehen wolltet und in Gang brachtet, was zu tun war, war für mich nichts anderes als Rettung. Ich kann schwer in Worte fassen, was mir die Begegnung mit Euch bedeutet, erst recht, wenn ich sehe, was heute „Euer" Ammahaus mir und uns allen schenkt. Ich verneige mich.

Lieber Rolf und liebe Anne, Ihr beiden bodenständigen Herzensmenschen, ich kann Euch gar nicht umfassend genug versichern, wie erleichternd es für mich war und ist, von Euch nicht für die familiären Belastungen getadelt zu werden, die ich Euch einbrockte. Die Sicherheit zu verspüren, eine Familie im Rückhalt zu haben ohne Wenn und Aber war und ist für mich eine meiner Lebensstützen. Für Euer tatkräftiges Mitfühlen und Euren nie nachlassenden Entschluss, unsere familiäre Wurzel allem anderen voran zu stellen, danke ich Euch von ganzem Herzen. Ich bin stolz und glücklich, mir so viel herzlich liebevollem Verständnis von Bruder und Schwägerin sicher sein zu dürfen.

Und schließlich danke ich Dir, liebe Meltem, von ganzem Herzen und mit großer Bewunderung für Deine gescheiten, einfühlsamen und erfrischend inspirierenden Hinweise, die mir bei der Endkorrektur des Skriptes von allergrößtem Wert waren und mir große Freude bereiteten.

Und Dir liebe Tina verdanke ich eine ganz und gar unerwartete professionelle Unterstützung einschließlich großen Einfühlungsvermögens beim Überwinden meiner totalen Unbedarftheit in verlegerischen Fragen. Tiefen Dank dafür!

# Zitierte Literatur

Amma. (März 2000). Zeitschrift Matruvani, Veröffentlicht vom Mata Amritandamayi Trust, Amritapuri P.O. Kollam Dt., Kerala Indien.Amritanandamayi, M. (1993). *Gespräche mit Amma.* Interlaken: Ansata-Verlag.Amritanandamayi, M. (1995). *Gespräche mit Amma 2.* Interlaken: Ansata.Amritanandamayi, M. (1998). *Der Weg der Weisheit und Liebe.* Berlin: Theseus Verlag.

Amritanandamayi, M. (2013). *Reinige unser Herz.* Kerala, Indien, Mata Amritanandamayi Mission Trust

Hartman, T. (2000). *Unser ausgebrannter Planet.* München: Riemann Verlag.

Millman, D. (2000). *Der Pfad des friedvollen Kriegers.* München: Ansata Verlag.

Riesman, D. (1956). *Die einsame Masse.* Darmstadt: Luchterhand.

Spalding, B. T. (1961). *Leben und Lehren der Meister im Fernen Osten, Bd. 1-3.* München: Drei Eichen Verlag.

Tolle, E. (2001). *Jetzt! Die Kraft der Gegenwart.* Bielefeld: J. Kamphausen.

Walsch, N. D. (1997). *Gespräche mit Gott, Band 1-3.* München: Wilhelm Goldmann Verlag. Walsch, N. D. (2000). *Freundschaft mit Gott.* München: Arkana. Walsch, N. D. (2009). *Zuhause in Gott.* München: Goldmann Arkana.